高中通用技术教师
技术态度与行为关系研究

徐梅丹 著

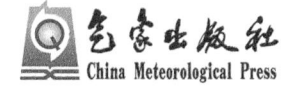

气象出版社
China Meteorological Press

内容简介

我国开启全面建设社会主义现代化国家新征程,教育、科技、人才是全面建设社会主义现代化国家的基础性、战略性支撑。高中通用技术教师作为推动技术与工程教育发展的重要一环,其技术理解、技术态度与技术行为关乎科技、紧系人才、涉及教育。研究高中通用技术教师的技术教学和专业发展是服务国家战略、促进教育高质量发展的应有之义。本书系统梳理了技术理解、技术态度、技术行为的内涵和组成结构,通过调查研究科学分析高中通用技术教师技术理解、技术态度、技术行为的整体现状、个体差异与作用关系,对调研中发现的问题逐一反思并提出针对性的对策建议。本书可供教育管理人员、高中通用技术教师和职业技术教育学及相关专业研究人员阅读参考。

图书在版编目(CIP)数据

高中通用技术教师技术态度与行为关系研究 / 徐梅丹著. -- 北京:气象出版社,2023.10
ISBN 978-7-5029-8058-0

Ⅰ. ①高… Ⅱ. ①徐… Ⅲ. ①通用技术—教学研究—高中 Ⅳ. ①G633.932

中国国家版本馆CIP数据核字(2023)第191301号

高中通用技术教师技术态度与行为关系研究
Gaozhong Tongyong Jishu Jiaoshi Jishu Taidu yu Xingwei Guanxi Yanjiu

出版发行:气象出版社	
地　　址:北京市海淀区中关村南大街46号	邮政编码:100081
电　　话:010-68407112(总编室)　010-68408042(发行部)	
网　　址:http://www.qxcbs.com	E-mail:qxcbs@cma.gov.cn
责任编辑:杨辉　高菁蕾	终　审:张斌
责任校对:张硕杰	责任技编:赵相宁
封面设计:艺点设计	
印　　刷:北京中石油彩色印刷有限责任公司	
开　　本:710 mm×1000 mm　1/16	印　张:9.75
字　　数:200千字	
版　　次:2023年10月第1版	印　次:2023年10月第1次印刷
定　　价:58.00元	

本书如存在文字不清、漏印以及缺页、倒页、脱页等,请与本社发行部联系调换。

前　言

2021年9月，习近平总书记在中央人才工作会议上强调，要培养大批卓越工程师，努力建设一支爱党报国、敬业奉献、具有突出技术创新能力、善于解决复杂工程问题的工程师队伍。技术与工程教育作为回应国家创新驱动发展战略、工程技术人才培养的重要举措，对提升我国国际竞争力意义重大。技术教师肩负着培育优秀技术人才和卓越工程师队伍的重大责任与历史使命，其技术理解、技术态度与技术行为对技术课程的实施、学生技术与工程素养的培育有着显著影响。

研究学生技术态度的相关文献认为，技术教师对学生技术知识、技术能力和技术态度的形成有着重要影响。近年来，国内外学者多偏向于学生技术知识与技术态度培育的研究，很少关注技术教师的技术理解、技术态度与技术行为，更不用说对这三个因素开展完整且系统的思考和研究，这对技术教育的发展、技术教师的专业成长和技术教学的水平提升来说是有所缺失的。据此，本书提出了以下四个研究问题：①如何定义技术教师的技术理解、技术态度与技术行为？②我国技术教师的技术理解、技术态度与技术行为的整体水平和个体差异如何？③技术理解、技术态度与技术行为间的作用关系及其影响因素是什么？④研究技术理解、技术态度与技术行为会对技术教师、技术教学及技术教育产生何种启示？对以上问题，已有研究也较为欠缺，亟待深入研究和思考。

因此，本书将我国高中通用技术教师作为主要研究对象，从哲学、历史、教育、社会视角去理解技术的自然属性与社会范畴，多维度地理解技术本质，将技术理解的抽象概念转换为可操作性定义；运用教育学、心理学、社会学等学科理论，参考其他学科对教师专业态度的研究成果，根据态度—行为对等性原则和累积性原则，厘清高中通用技术教师的技术态度与技术行为的构成成分。结合已有研究发现，本书提出了研究假设与结构框架，依据一系列量表设计的原则和标准，自行编制了适用于我国高中通用技术教师的技术理解、技术态度与技术行为量表。在经过量表前测和多轮专家内容效度评审后，确定了用于正式测试的问卷。笔者采用分层随机抽样方法发放问卷，共回收我国高中通用技术教师的有效问卷835份，利用信度分析、探索性因素分析、验证性因素分析方法验证了3份正式量表的可靠性与有效性。

本书侧重于反思研究过程中所涉及的整体理论框架和测量工具，分析我国高中通用技术教师的技术理解、技术态度与技术行为的整体现状，探讨教师的个人基本属性造成技术理解、技术态度与技术行为差异的原因,同时还阐释了技术理解、技术态度与技术行为间的作用关系。

结果表明,通过数据分析得到的结构维度与理论演绎提出的假设具有高度一致性。其中,技术理解量表由作为人工物的技术、作为知识的技术、作为活动的技术、作为意志的技术、技术的历史、技术与科学的关系、技术的两面性、技术与社会八个维度组成;技术态度量表由重要性、困难性、性别信念、愉悦感、焦虑感、自我效能感、外部资源依赖七个维度组成;技术行为量表是单维的,是对技术态度量表中各维度的高度凝练。

在技术理解层面,本书得出以下结论。第一,高中通用技术教师对作为人工物的技术、作为知识的技术认可度较低且存在分歧,他们多将可触可感的实物视为技术,将虚拟的互联网排除在实体技术范畴以外,忽视了技术知识所具备的知识论、方法论、实践论层面的意蕴。第二,高中通用技术教师对米切姆(2008)的四种技术类型的划分认可度相对较低,一方面是因为技术哲学晦涩难懂,即使在实际生活中会无意识地提及,但也难以用技术哲学的思维去总结和凝练;另一方面是因为他们的技术哲学素养有待加强,高中通用技术教师不仅要着眼于具体的技术事件或技术实例,更要用辩证的眼光去挖掘提炼其内在价值,总结其中的规律与发展趋势。第三,高中通用技术教师仍需进一步厘清技术与科学的关系,明确技术与科学在成果转化上的差异。第四,高中通用技术教师对技术的历史、技术与社会、技术的两面性理解较佳,这表明了他们基本能从历史的、社会的、伦理的视角去全面看待技术的存在意义。

在技术态度层面,本书得出以下结论。在认知维度上,高中通用技术教师能充分认识到课程的重要性,但深感通用技术教学存在一定的困难,并持有性别刻板印象;在情感维度上,他们乐于教学,但在教授和准备教学的过程中存在焦虑情绪;在感知控制维度上,他们有信心完成教学任务,但深感缺乏来自学校领导的支持。

在技术行为层面,高中通用技术教师一致表示,会尽最大努力让学生对技术持有积极态度、帮助学生克服技术课程中遇到的困难、鼓励学生解决技术难题,但在为技术课程寻求学校领导的支持、尝试在技术教学中保持松弛感、平等对待男女学生方面的行为倾向却不强烈。

就高中通用技术教师在技术理解、技术态度与技术行为的个体差异而言,性别对高中通用技术教师的技术理解和技术态度的影响差异显著,但对技术行为的影响不存在显著差异,男性通用技术教师在技术理解和技术态度上的得分显著高于女性;教龄对高中通用技术教师的技术理解、技术态度与技术行为的影响皆不存在显著差异;培训次数和职前专业对高中通用技术教师的技术理解的影响不存在显著差异,但对技术态度与技术行为的影响差异显著,其差异表现在:高中通用技术教师参加的培训次数越多,其技术态度与技术行为越积极正向,职前专业为数学、电子科学与技术、机械工程的高中通用技术教师技术态度与技术行为的得分较高,职前专业为教育学(学科教育)和教育技术学的高中通用技术教师技术态度与技术行为的得分较低;学校所在区域对高中通用技术教师的技术理解、技术态度与技术行为的影响皆存在显著差异,乡镇高中通用技术教师技术理解得分高于市区和县城高中通用技术教师的得分、市区高中通用技术教师技术态度与技术行为得分高于乡镇和县城高中通用技术教师得分的趋势,其中,县城高中通用技术教师在这三个方面的得分最低。

就高中通用技术教师在技术理解、技术态度与技术行为间的相互关系而言,技术理解对技术态度、技术行为有着显著正向影响,技术态度对技术行为有着显著正向影响,技术态度在技术理解与技术行为之间具有部分中介作用。

据此,本书从高中通用技术教学、高中通用技术教师队伍建设、高中通用技术教师专业发展三方面给出了启示。针对上述启示,提出了五条建议:第一,适当增加女性通用技术教师的数量,多渠道储备通用技术教师的师资力量,加强专业性建设来提高通用技术教师的师资水平;第二,运用"范例+规则"增强技术教学理解、"心灵+身体"加深技术教学体验、"身教+示范"强化技术教学实践以提升通用技术的教学成效;第三,通过破除高中通用技术教师的性别刻板印象、确保高中通用技术教师培训的优质适量、力求培训中"知—情—行"统一以变革高中通用技术教师的培训思路;第四,通过创设面向真实世界的技术教学情境、完善高中通用技术教师的教学评价体系、加强技术课程的教学资源建设来促进技术教学良性发展;第五,通过赋予高中通用技术教师专业协商的机会、树立正确的课程价值观导向、加强技术文化建设与人物宣传来营造技术教育的健康生态。

著者
2023 年 7 月

目 录

前言
第一章 技术理解、技术态度与技术行为的内涵 ································ 1
  第一节 问题提出 ·· 1
  第二节 基本概念界定 ·· 2
  第三节 理论模型建构 ·· 32
  第四节 测评量表开发 ·· 38
第二章 技术理解、技术态度与技术行为的现状调查 ························ 49
  第一节 技术理解现状及个体差异研究 ·· 49
  第二节 技术态度现状及个体差异研究 ·· 59
  第三节 技术行为现状及个体差异研究 ·· 63
第三章 技术理解、技术态度与技术行为的作用关系 ························ 67
  第一节 技术理解对技术态度的作用 ·· 67
  第二节 技术态度对技术行为的作用 ·· 72
  第三节 技术理解对技术行为的作用 ·· 75
  第四节 技术态度的中介作用检验 ·· 77
第四章 技术理解、技术态度与技术行为的结果分析 ························ 80
  第一节 研究结论 ·· 80
  第二节 研究结果讨论 ·· 87
第五章 技术理解、技术态度与技术行为的发展对策 ······················ 109
  第一节 研究启示 ·· 109
  第二节 提升策略 ·· 121
参考文献 ·· 130
附录 ·· 141
  附录1 技术态度前测问卷 ·· 141
  附录2 正式调查问卷 ·· 143

第一章 技术理解、技术态度与技术行为的内涵

技术教育是工程技术人才培养的基础工程,是实现高水平科技自立自强的重要支撑。技术素养作为技术教育的核心诉求,具体表现为准确的技术理解、积极的技术态度与正向的技术行为等诸方面内容。技术教师肩负着培育学生技术素养的重要使命,其技术理解、技术态度与技术行为在一定程度上影响了学生技术素养的形成。关注自身技术理解、技术态度与技术行为的概念内涵、组成结构与作用关系,可为技术教师个人专业发展和高质量基础教育体系建设提供专业保障。

第一节 问题提出

当今世界百年未有之大变局与中华民族伟大复兴战略全局交织激荡,第四次工业革命与第二次机器革命叠加推进,这对我国工程技术人才的培养提出了新要求,带来了新挑战。"少年强则国强",中小学技术与工程教育作为回应国家创新驱动发展战略、工程技术人才培养的重要举措,对提升我国国际竞争力意义重大。马克思等(1964)曾在《临时中央委员会就若干问题给代表的指示》中提到:"我们把教育理解为以下三件事:第一是智育,第二是体育,第三是技术教育。"马克思认为,技术教育使儿童或少年了解各个生产过程的基本原理,使他们获得了运用各种生产最简单的工具技能,基本技术与工程素养的获取对生存至关重要,对人的全面发展有着重要影响。《美国国家技术教育标准:技术学习的内容》中提到,学生技术与工程素养的缺失缘于"技术从未真正成为基础教育体系的一部分,技术教育不被教师和行政管理人员所理解"(国际技术教育协会,2003)。当前,我国中小学技术课程正面临着高水平师资缺乏、学科发展边缘化、实践转化乏力等困境,这势必会影响着我国工程技术人才链和教育链的整体建构。

教育大计,教师为本。教师是教育工作中的中坚力量,唯有建设高质量的教师队伍,才会有高质量的教育体系。Raat等(1986)在学生技术态度(the Pupils' Attitude towards Technology,简称PATT)报告中指出:"如果要将一门单独的技术学科纳入课程,或在物理课堂中更多地关注技术,教师是关键人物。"这意味着先进的技术设备、精妙的技术内容以及优质的技术资源想要进入课堂,前提是得到技术教师的首肯与重视,才有运用到课堂教学和培养优秀工程技术人才的可能。Rohaan等(2010)

发现,技术教师的学科教学知识和技术态度影响了学生的技术理解与技术态度。这些皆表明了技术教师对培育优秀技术人才具有重要作用,是推动技术教育发展的重要力量,对技术教育的前进方向与前行速度有很大影响,其技术理解、技术教学态度与技术行为对技术课程的实施、学生技术与工程素养的培育有着显著影响。

"你如何理解人,你就会如何理解技术;你怎么看待技术,你就会怎么看待人"(吴国盛,2009)。教师的技术理解不仅关系着学生与自然、社会、其他人乃至世界之间的交往态度与准则,还影响着他们利用技术去客观认识与改造自然的行为方式。这不仅是技术素养形成的重要前提,也是影响技术教学成效的关键因素之一。态度,相对价值观而言,能更直观地反映行动(Rokeach,1973)。态度作为社会心理学研究最多的话题之一,相对于个人感觉和情绪而言更容易测量,是预测实体行为倾向的重要指标。目前,学术界对学生技术态度的研究已走过30个年头,技术教师的技术态度作为影响学生技术态度和技术素养形成的一个重要因素,却未被同等对待(Xu et al.,2020)。技术教师的技术态度表现在对待学生、技术、课程和教学的认知、情感和行为控制感等方面,在一定程度上反映了技术教师的行为动向,是预测学生技术态度的风向标。理性行为理论和计划行为理论认为,行为是以特定模式进行有意识选择的结果,经由判断发生的行为取决于个人动机与行为控制能力(艾肯,2008)。技术教师的技术行为作为一种特殊的行为,也是经由技术判断、决策和思考后的外在表现,对学生技术行为的干预更为直接,对学生技术素养的作用更加明显,这或是影响技术教学成效的关键因素之一。因此,有必要对从事技术教育教师的技术理解、技术态度与技术行为及其作用关系开展进一步研究。

第二节 基本概念界定

一、学生技术态度研究

学生技术态度(PATT)研究,由荷兰教育部和科学部组织,于1986年3月6—11日在荷兰埃因霍芬理工大学成立工作坊,目的是调查男生和女生技术理解、技术态度的差异。PATT工作坊邀请了10个国家(澳大利亚、加拿大、法国、肯尼亚、尼日利亚、波兰、瑞典、英国、美国和荷兰)的13岁男生与女生参与此项国际性研究,利用英译过的李克特量表对荷兰的200名学生进行了前测与量表验证,随后又在其他9个国家验证了量表的信效度。结果显示,使用同一份国际性量表来测量学生的技术理解与技术态度是可行的。PATT研究虽名为学生的技术态度研究,实则包含了技术理解与技术态度量表,与本书的主题颇为接近。故本书针对性地对PATT研究概况和发现进行了回顾,确定了高中通用技术教师的技术理解、技术态度与技术行为的研究问题。

第一章　技术理解、技术态度与技术行为的内涵

(一) PATT 研究概况

荷兰的 PATT 报告共包括十一个部分(Raat et al.,1986)。报告第一部分是对 PATT 工作坊的介绍,第二部分强调了技术态度测量的重要性,第三部分突出了 PATT 工作坊的目标,第四部分定义了技术的本质与内涵,第五部分是对不同学校类型、不同学科教师的技术态度进行差异性分析,第六部分对技术态度测量的方法进行了分析,第七部分陈述了荷兰教育研究领域的体制、冲突与趋势,第八部分是在除荷兰以外的 9 个国家进行学生技术态度的前测,第九部分是对技术态度和技术理解的内容开展效度分析,第十部分是对学生技术态度量表维度的讨论,第十一部分是确定 PATT 调查问卷的结构。

PATT 报告显示,PATT 问卷包括技术理解与技术态度两份量表。技术理解量表共包含 10 道题,主要考查学生对生活、职业以及社会中技术作用与角色的认知,这种考查方式相对主观,不涉及对技术的客观理解。技术态度量表是通过专家评审法商议得出,由 6 个子维度组成,共包含 45 道题。6 个子维度分别是:技术的重要性、技术的性别差异、对技术的兴趣、对课程中技术的认识、技术的困难感知、对技术创新的看法。此外,技术态度量表(Technology Attitude Scale,简称 TAS)也是在 PATT 量表的基础上开发的。技术态度部分包含 6 个子维度和 26 道题,技术理解部分共包含 4 个维度和 26 道题,TAS 分别已用于芬兰、波兰和荷兰学生的技术态度与理解调查(Deklerkwolters,1989)。

Bame 等(1993)在原有 PATT 调查问卷的基础上,对语言表达重新润色修正,编制出了适用于美国学生的技术态度(the Pupils' Attitude towards Technology-USA,简称 PATT-USA)问卷。PATT-USA 问卷共包括四部分,第一部分让学生描绘技术是什么;第二部分收集学生的基本信息;第三部分考查学生的技术态度,包含 57 道题,由李克特五点等级量表测量得出,共分为 6 个维度:对技术的兴趣、技术的性别差异、技术的重要性、技术的困难感知、学校课程中的技术认识、对技术职业的观点;第四部分考查学生的技术理解,共包含 31 个题项,由 4 个维度组成,分别是:技术、人类与社会的关系,技术与科学的关系,技术与技能,对技术世界的认识。在 PATT-USA 量表的基础上,保持调查维度不变,Volk 等(1999)对题项内容进行汉化和本土化,开发出了 PATT-Hong Kong 量表;Hussain 等(2016)在保持 PATT-USA 维度不变的情况下,将题项内容译化成乌尔都语,开发了 PATT-Pakistan 量表,用于考查学生对民用技术、电气技术、机械技术的态度。

Ankiewicz 等(2001)发现原有的 PATT 问卷在测试南非等发展中国家学生的信效度不高,于是在 2001 年重新编制了适合南非学生的技术态度测试量表(Attitudinal Technology Profile,简称 ATP)。该问卷可有效评估九、十年级的学生在技术学习中的状况,分别从技术认知、技术情感、技术能力三个方面进行考查。问卷包含 4 个维

度：对工艺流程的兴趣、近端技术情感倾向、远端技术的情感倾向、对发明创造的情感倾向。Yurdugül 等(2008)编制了适用于土耳其学生的技术态度量表(PATT-TR)。PATT-TR 量表情感部分的内容改编于 PATT-USA，但在维度结构上与 ATP 量表保持一致，包含了技术倾向、技术消极性、技术重要性、面向所有人的技术这 4 个维度。

Ardies 等(2013)为缩短学生填写问卷的时间，在保持信效度不降低的情况下，于 2012 年重新编制了 PATT 的精简问卷(PATT-SQ)。该问卷用于调查比利时佛兰德地区学生面向技术的态度，共 24 题，由 6 个子维度组成，它们分别是：对技术类职业的愿景、对技术的兴趣、对技术无趣的感知、技术的性别差异、技术重要性的认识、技术的困难感知。该量表经过信效度检验、探索性因素分析和验证性因素分析，确保了 PATT-SQ 量表的可靠性、有效性与稳健性。

除了上述主流的量表以外，Deklerkwolters(1989)认为学生的技术态度是多维的，可运用 ABC 量表来测试，A 是指情感(Affective)，B 是指行为(behavioral)，C 是指认知(Cognitive)。其中，AB(情感与行为)量表包含 6 个维度，分别是：对技术的兴趣、技术的性别意识、技术的重要性、技术的难度、学习技术课程的感知、技术职业倾向。C(认知)量表包含 4 个维度，分别是：技术与社会、科学与技术、技术与技能、对技术世界的认知。AB 量表基于李克特五点等级量表，认知量表基于哥特曼三点量表(同意、不同意、不知道)，这与 PATT-USA 量表的技术态度与理解维度是一致的。Hendley 等(1995)调查了澳大利亚新南威尔市三年级学生对英语、数学、技术、科学的态度。其中，技术态度分别从愉悦程度、制作、设计三个方面进行考查。Becker 等(2002)开发的技术态度与理解量表(Technology Attitude and Concept Scale，简称 TACS-Thai)借鉴了 TAS 和 PATT 量表的内容。其中，第一部分为人口统计学变量，包含性别、年龄、年级、是否参加过技术教育课程、父母亲职业、家庭技术环境等；第二部分是对技术态度和技术理解的考查。其调查量表均参照了 PATT 量表的维度划分。

PATT 系列测量工具的开发重在为技术教育的发展与评价提供理论参考与实践借鉴，却不过多地涉及技术课程的具体内容评价(Deklerkwolters，1989)。近 30 年来以 PATT 为主题的论文多讨论学生的技术态度，基于前人提出的维度去对其他国家和地区学生的技术态度展开调查，虽在一定程度上丰富了学生技术态度内容的多样性，但对技术态度本身的研究却依旧建立于原有维度的基础上，其理论建构的进展相当缓慢；此外，对技术理解的研究也逐渐被国内外学者所忽略，目前开发的 PATT 量表中仅包括了对学生技术态度的研究。

由于一系列 PATT 测量工具的开发和学生技术态度的调查，每年一度的 PATT 会议也应运而生。各国学者围绕技术教育领域对各个主题开展了热烈讨论，涉及技术课程开发、技术教师培训、中小学技术教学评估、技术态度等话题，这使得 PATT

国际会议成为技术教育领域研究成果最为高产的来源地之一(Williams,2016)。本书中相关文献也多借鉴历年的PATT会议论文。

(二)PATT 研究发现

自最初的PATT测量工具问世以来,各国学者对学生的技术态度和技术理解展开了诸多调查。Raat 等(1986)发现学生对技术概念的理解是模糊与混乱的,Bame等(1993)发现美国的学生相对其他工业发达的国家,对技术概念的理解是狭隘和欠缺的;女生相较男生而言,对技术缺乏兴趣与重视(Hendley et al.,1995;Ardies et al.,2015);家庭环境、父母职业、社会经济背景、校外经验都是影响学生技术态度的因素(Davies et al.,2001;Rohaan et al.,2010);学生对技术概念和本质的理解程度也会影响其技术态度(Svenningsson et al.,2016)。总而言之,学生的技术态度普遍来说是积极的,技术理解却存在局限:他们仅将技术视为技术产品和知识,忽略了技术可作为人类的活动和意志。影响学生技术态度的因素有很多,如性别、家庭成员的职业性质、家中技术玩具与设施的可用性、对技术概念的理解等。

分析上述PATT系列文献,可以发现以下6个问题。

(1)技术理解的考查维度尚未得到翔实的理论支撑

技术理解是指对技术本质的理解程度,倾向于对技术的准确看法,考查被研究对象是否具备准确的技术概念与理解,是基于客观事实的准确判断。本书对技术理解的定义同于"the perceptions of the nature or concept of technology"(对技术本质的看法)。上述文献中对技术理解的考查重在调查学生对"什么是技术"的理解,涉及技术与社会、科学与技术、技术与技能、对技术世界的认知等维度;题项内容多倾向于学生对技术的主观认识,对学生技术理解的分析也尚未有翔实的理论支撑,多基于经验总结之上。

(2)技术态度是一个广义的概念,包含成分未明

目前主流的学生技术态度测量工具从对技术的重要性、技术的兴趣、技术的性别差异、技术的困难感知、学校课程中的技术感知、对技术职业的认知这6个维度来展开调查,涉及态度的认知、情感、行为成分;但对技术中的感知控制却不曾涉及,这与 Ardies 等(2015)、Davies 等(2001)在研究中提到的外部环境影响了技术态度这一结论略有冲突。技术态度到底包含哪些成分仍需要进一步挖掘。

(3)技术理解与技术态度是两个互相独立的概念

多数PATT研究中只涉及学生技术态度调查,忽略了对技术理解的研究。而在最初的PATT-NL和PATT-USA量表中,虽然专门对学生的技术理解进行了调查,也作了简单分析,但并未对技术理解和技术态度做出明确的区分,甚至仍以技术态度一概而论。Svenningsson等(2016)发现,对技术概念和本质的理解越清晰,技术

态度就越积极。由此可见,技术理解不是技术态度的一部分,二者互为独立变量,存在相关性的可能。

(4)技术认知和技术情感是技术行为发生的前提,尚未得到证实

有研究表明,学生的技术认知与技术情感是技术活动或技术行为发生的关键性前提条件(Ankiewicz et al.,2001),该结论主要是从众多学生技术态度的研究中推断得出,尚未通过实证证实,仅是基于理论的推断。

(5)教师对学生技术理解与技术态度的形成有着重要影响

学生对技术本质的理解多有不足,这让研究者更为好奇高中通用技术教师对技术本质和概念的理解程度。Rennie(1988)、Volk 等(1999)通过实证研究发现,教师直接影响学生技术态度的形成和技术理解的提升。Rohaan 等(2010)通过理论分析得出,教师的技术知识在很大程度上可能影响了学生对技术概念的理解与态度。因此,本书从根源入手,重点探究高中通用技术教师的技术理解与技术态度的关系。

(6)技术理解与技术态度受众多因素影响

Bame 等(1993)发现,学生的技术态度与父母职业、个人性别、技术玩具、家庭工作坊、个人电脑、兄弟姐妹、个人技术职业理想、技术课程参与情况有显著相关性。因此,本书将以高中通用技术教师的个人基本属性作为影响技术理解和技术态度的因素。

PATT 系列研究结果表明,技术教师是影响学生技术理解和技术态度形成的关键人物,而技术理解和技术态度则是开展技术行为的前提条件。但目前对技术态度的定义与维度界定仍不明确,技术态度维度的确立依旧建立于经验讨论的基础之上,教师的技术理解和技术态度是否是其技术行为的前提条件尚未被论证。因此,本书拟从技术教学的源头着手,将我国高中通用技术教师作为研究对象,构建技术理解的理论框架,剖析技术态度的成分构成,编制技术行为量表,从而揭示我国高中通用技术教师的技术理解、技术态度与技术行为的整体现状、个体差异与相互作用关系。在此,提出以下研究问题。

问题1:如何定义高中通用技术教师的技术理解、技术态度与技术行为?

问题2:我国高中通用技术教师的技术理解、技术态度与技术行为的整体水平和个体差异如何?

问题3:技术理解、技术态度与技术行为间的作用关系和影响因素是什么?

问题4:研究技术理解、技术态度与技术行为这三个概念会对高中通用技术教师、通用技术教学及通用技术教育产生何种启示?

二、技术理解

我们对单个技术知道得非常多,如计算机,我们清楚地知道如何操作它,相关技术人员甚至对计算机中电子元器件的安装方法与步骤都了如指掌。但若将此处的技术视为整体意义上、无特定指代的技术,关于它的本质,我们却知之甚少。究竟什

么是技术,该如何理解技术的本质?学界对此众说纷纭,也尚未给出一个关于技术的理论,以及认识、理解技术的一般性法则与逻辑框架。因此,本部分将梳理不同学者对技术的认识,归纳其本质特征,综合国内外对技术本质的研究成果,实现技术理解的逻辑框架建构、测评维度划分和操作性定义。

(一)技术的认识与特性

要准确理解技术的本质,首先要客观地认识技术,全面地把握技术特征。由于技术的表现形式多样,包含内容丰富,所涉范围甚广,以致形成对技术的统一认识尤为困难。本部分将梳理国内外对技术的认识,从迥异的概念界定中寻求对技术的共识,以把握技术的特性与活动范畴。

1. 对技术的认识

不同社会时代与学派立场的大背景下,技术研究者从不同的学科视角、思想谱系、社会需求、价值判断对技术展开定义,使得技术的定义呈现出百花齐放、百家争鸣的景象。下文梳理了一些具有代表性的观点。

马克思(1983)在《资本论》中提到:"工艺学揭示出人对自然的活动方式,人的物质生活的生产过程,从而揭示出社会关系以及由此产生的精神观念的起源。"联系上下文及各国译本,此处的工艺学可被视为技术。马克思认为技术是人类认识与改造自然、形成与塑造社会、开展与改进思维的活动方式与方法,是一个动态的、连续的、发展的、不断生成的、多样化的手段与过程。

恩斯特·卡普将工具与武器等技术比喻成不同种类的"器官投影",如"弯曲的手指变成了一只钩子""凹陷的手掌变成了一只碗""人类神经系统的延伸变成了电报"(米切姆,2008)。技术的发明与创造源于人类对自我身体功能的发现。技术是人体器官的物化与外化,也是人体器官的延伸,这与麦克卢汉"媒介是人体的延伸"的观点不谋而合。

俄国工程师彼得·恩格迈尔在1911年召开的第四次世界哲学大会中以技术意志的人类学价值为基础,提出他对技术的定义:"技术是一切有目的行动的内在动机。"(米切姆,2008)恩格迈尔口中的技术是为人所用的,是实现人类开展活动的内在条件,透视了人类行为、思维以及活动方式的可能性。

弗里德里奇·德绍尔认为,"技术的本质既不是在工业生产中表现出来,也不是在产品中表现出来,只有在技术创造行为中才能表现出来"(米切姆,2008)。技术创造的发生在遵循自然规律、受人类目的推动的同时,还受到内在解决的驱动。这种内在解决的技术创造超越形式的发明和具体的实现,超越实在的物质体现,表现为一种技术思维的先天认识能力。

刘易斯·芒福德认为,技术可分为单一技术和综合技术两种。"综合技术是一种满足生活的各种需求和渴望的技术,它以一种民主的方式来发挥实现人类的多种潜能的作用"(米切姆,2008)。芒福德认为,技术是对能力的追求,用于满足人类超越有机体的需求和渴望。

约瑟·奥特将"技术视为一种人类的规划"(米切姆,2008),这意味着有多少种人类的规划,就会出现多少种不同的技术。技术是对人类与环境关系的一种积极反应,它作为人类追求美好生活的重要手段,是实现超越自然自我概念的方式。

马丁·海德格尔认为"技术是一种真理或者展现,现代技术尤其是一种展现,它精心策划并挑战自然,以生产出一种能够被独立存储和传送的能量"(米切姆,2008)。技术作为一种解蔽的手段,促逼着自然的摆置,并使其显露原有的本质面貌。

雅克·埃吕尔将技术定义为"在社会发展某个特定阶段上,在人类活动的每个领域中,用以实现绝对效率的各种合理化方法的总和"(米切姆,2008)。技术以一种有效的理性行为方式追寻人类的生产与生活效率,成为人类生存期间新的、特定的环境。

阿瑟(2014)在《技术的本质》一书中给技术下定义:"技术是完成目的的一种手段,它是一种装置一种方式或一个流程。"与其说上述内容是阿瑟对技术概念的定义,倒不如说是对技术所呈现出的形态的描述,这与米切姆(2008)将技术分类为四种类型(技术作为人工物、技术作为知识、技术作为活动、技术作为意志)相类似。

吴国盛(2009)在《技术哲学讲演录》中对技术做出如下定义:"技术是人的存在方式。"技术发展史即人类社会的进化史,技术决定了人的存在,人类的本质构建是通过技术逐渐完成的。

此外,技术还被视为"感觉运动技巧、应用科学、实现工人格式塔心理的手段等"(陈凡 等,2011)。对技术的定义还有很多,这里不再一一赘述。

我们可以发现,众多学者对技术的定义各不相同,有些定义突出了技术的呈现形态,有些则重点刻画了技术的某一特质。究其根本,是因为技术的外延甚广,具备多种表征形态(知识、流程、工具、活动方式等),关联了多个领域(人类、社会、科学等),大多数学者抓住了技术的外延,却忽视了技术特性,造成了对技术定义的分歧。这不禁让笔者产生这样的想法:若能总结技术的特性、界定其形态表征与活动范畴,理解技术的本质也就没那么困难了。

2. 技术的特性

从上述定义中得知,技术的某些特性是与生俱来的,而有些则是在历史浸染、文化熏陶、学科碰撞、社会变迁、人类发展中逐渐沉淀下来的。归纳技术的特性之前,有必要先对技术进行分类。笔者采用吴国盛(2009)对技术的分类,将技术分为身体技术、社会技术与自然技术,挖掘三种技术分类的共同特性。

(1)社会性

罗伯特·赫兹指出,"无论什么时候适用于这种或那种姿势的反应,都会有一个动作的社会选择原则"(莫斯 等,2010),恰如走路的姿态、奔跑的动作、吃饭的仪态等身体技术受到社会技术(制度、习俗、礼仪)的规训时,身体技术便具备了社会性。自然技术作为改变自然、创造自然、控制自然的技术,虽独立于身体之外发挥作用,有其内在逻辑与生成路径,但操作规范终究需受制于社会公约。某些自然技术手段和成果只限于某个集团与国家内传播,甚至如"转基因"等自然技术都会背负社会伦理道德的争议。因此,技术与社会的关系、技术在社会中所扮演的角色是探讨技术本质时要考虑在内的。

(2)生成性

大部分的技术不是先验的,而是经验的。首先,身体技术的生成是由量变到质变的过程,熟能生巧、游刃有余皆是量到质的突破,是在技术实践过程中逐渐完善、生成的;同时,没有天生就存在的社会技术,都是随着历史的变迁,人们自我意识的逐渐加强,社会制度与技术才得到逐步完善。自然技术更是如此,它的进化与发展源自于内在解决、社会需求、人类意志、学科碰撞,是不断生成与完善的过程。因此,将技术视为一种意志,探讨技术与其他学科的关系有助于揭示技术的生成性特质。

(3)创造性

技术作为人工物凸显了其创造性特征,技术产品从无到有的原创,从不完美到相对完美的改良,都体现了技术的创造性,而这种开发、设计、制造、发明的技术活动过程本身也具备了创造性。此外,身体技术可借力于自然技术挖掘身体的创造性,如医学学生在虚拟实验室中利用人工智能(AI)技术进行"尸体"解剖和手术练习,重复地模拟手术,移动人体内的器官,再次创造了具备解剖技艺的身体技术。同时,社会规范和习俗不断地更迭,创造出新的社会技术。因此,可将技术视为活动与人工物,从技术与人的关系去探讨技术的创造性特质。

(4)默会性

身体技术具有默会性特征,无法被其行动的语言提示所穷尽,也不能被语言充分说明。比如存在一些能人异士,可以在人群中一眼识别出所见之人的样貌,其眼睛捕捉人脸特征的敏锐度却很难用语言表达出来,这种身体技术知识只可意会却不可言传。社会技术更是如此,如人情世故,我们都知其然,可要解释时却言不出所以然。当自然技术作为一种改变原有事物本质的知识,也表现了其默会性特征。如在完成吹玻璃制作的过程中,无论技术高超的师傅如何描述制作过程,徒弟也不可能仅依赖其语言指导就吹出完美的玻璃;这种自然技术也不会因为语言描绘就被立刻掌握了,还需长期实践才能掌握这项技能,甚至待自己传授他人时,也无法说出详细的缘由来。因此,从技术作为知识的视角可透视技术的默会性特质。

(二)技术本质的相关研究

本研究以技术本质(nature of technology)、技术看法(perceptions of technology)、技术概念(concept of technology)为关键词,在中国知网 CSSCI 数据库和 Web of

Science 的科学引文索引(SCI)和社会科学引文索引(SSCI)数据库进行检索发现,截至 2019 年 8 月,仅有 14 篇文献对技术概念或本质做出了内涵分析与维度测量。

罗玲玲等(2009)对沈阳市 466 名大学生、高中生、初中生进行了技术概念的问卷调查,涉及以下 6 个维度:技术与科学的关系、技术与知识的关系、技术与技术方法的关系、技能与设计的关系、技能与物的关系、公众接触实用技术的情况。遗憾的是,此份问卷的信效度并未在文中有所体现。研究结果表明,学生总体上对技术的理性认识较为薄弱,对技术概念的理解相对模糊,在技术与科学的关系、技术与物的关系这两个维度上,大学生的得分显著高于初高中生,其他维度均无显著差异。可见在初高中阶段应强化学生的技术理解,这是学生认识技术本质的关键期。

Raat 等(1987)对 100 名 12~18 岁的初高中生撰写的技术类短文进行文本分析,以获取技术理解。通过该文本分析可知,撰写短文时提到电子的学生为 59%,提到电脑的学生为 32%,提到交通工具的学生为 51%,提到应用、机械的学生为 35%,提到发明的学生仅为 8%,提到设备建造的学生为 39%,提到修理的学生为 35%。由以上数据可知,学生仅将技术理解为人工物与具体活动,对技术的理解是相对狭隘的、不全面的。

Bame 等(1993)从技术与社会、科学与技术、技术技能(设计、理解、使用)、技术范畴(物质、能源、信息)4 个维度出发,对美国 10269 名 13~16 岁学生开展技术理解的调查。研究发现,随着年龄的增长,学生对技术概念的理解越来越清晰,但与其他工业发达的国家相比,学生在技术理解上的得分较低且相对狭隘。

Burns(1992)对新西兰 62 所学校的 1469 名学生展开调查。研究发现,新西兰的学生对技术概念的理解较为薄弱,且他们的技术态度与技术理解呈显著正相关,即对技术的理解越深入,技术态度越积极。

Jarvis 等(1996a)调查了 315 名三到六年级学生对技术的理解,让学生们通过写与画的活动说技术,用图片测试来检验他们技术归类的能力,利用访谈法重新塑造他们对技术的理解。从写与画的活动中得知,高年级的学生会将技术看作设计与制作的活动过程,低年级的学生偏向于将技术看作高科技技术,如计算机技术;部分学生甚至将技术等同于科学,极少数的学生对技术有很好的理解。从识图活动中得知,学生不能明确区分出技术人工物与自然物,多数学生仍将火山、橡树、狐狸等自然现象认作技术。

Griffiths 等(1996)询问了 13 名 15~18 岁学生对技术的看法,并分别从科学与技术案例、科学与技术活动、科学与技术目的、科学与技术关系、科学家与技术家的责任、科技与社会的关系这 6 个维度进行访谈。研究发现,学生对科学与技术产品缺少清晰的判断,对技术家没有统一的认识,在对技术与科学关系的认识上是模糊的,甚至将技术与科学混为一谈。

Jarvis 等(1996b)在 1992—1994 年,通过写与画、图片测试、访谈法等活动,分别调查了 142 名教师的技术观点。研究发现,教师对技术的观点是狭隘的,多数教师将高端技术(如计算机)视为技术,但很少有教师将奶酪、杯子、书本和牛仔裤视为技术。大部分教师无法将技术与日常生活相联系,致使社会各界目前普遍持有的技术观是混乱的;此外,极少的教师能从历史的视角去看待技术,对技术与科学关系的理解也是不清晰的。

Lachapelle 等(2006)围绕"什么是技术""你怎么知道某些东西是技术"这两个问题对 106 位教师进行采访。研究发现,教师对技术与非技术的定义是模糊的,多数教师在判断技术时更倾向于将电话、电视、地铁等高科技产品作为判断依据。

Gök 等(2010)通过隐喻法调查了 487 名大学 1~4 年级的师范生对技术的看法。研究发现,师范生对技术的态度是积极的,认为技术是生活中不可或缺的。

Constantinou 等(2010)分别从技术与科学的研究目标、技术与科学的研究对象、技术与科学的方法过程、技术与科学的区别联系、技术与科学的相关关系这五个维度出发,采用笔试法和访谈法调查了 183 名小学生、132 名中学生以及 78 名师范生,以获取他们对技术与科学关系的理解。研究发现,学生很难理解技术运用和技术研究的概念与价值,习惯性地将技术创新归功于科学进步;同时,他们对技术概念的理解是局限的,仅将汽车或电脑等机械、电子产品看作是技术,否定疫苗作为技术人工物的事实;此外,学生认为技术的本质在于制造,而不是技术知识本身,甚少将技术的设计流程视为技术的组成结构。

Digironimo(2011)分别从技术作为人工物、技术作为创新过程、技术作为人类实践活动、技术的历史、技术在社会中扮演的角色这五个维度出发,围绕"在你眼中,什么是技术?"这个问题,对 20 名有技术产品制作经历的学生开展访谈。通过访谈得知,学生在对技术作为人工物、技术的历史、技术在社会中扮演的角色这三个维度上均有较高的认可度,但在技术作为创新过程、技术作为人类实践活动上认可度较低。总体而言,他们对技术的认识是幼稚的。

Waight 等(2012)立足于技术哲学的理论视角,从文化与价值、技术的历程、系统中的技术、技术作为一种方法、技术作为一种知识这五个视角,在理论层面上对技术的本质进行阐述。

Waight(2014)向 30 名科学教师播放了六个技术视频短片。短片内容涉及日常技术、现代医学与图像技术、交通技术、空间技术、教室技术以及基本技术,并通过深度访谈法了解科学教师对技术的定义。研究发现,教师对技术的看法可归结为以下三点内容:技术提高生活或使生活更简单,技术作为人工物有助于完成任务,技术是社会文明发展的象征。Waight 发现,科学教师对技术知识的理解尚不全面,只有极少数的教师能够领会技术的全部内涵。

Liou(2015)通过对 455 名高中学生询问"什么是技术",从技术作为一种创新、技术作为一种人工物、技术与社会、技术的两面性、技术的历史、技术与科学的关系这六个维度进行总结归纳。随后,基于六个维度开发相应题项,让530名学生作答以检验问卷的信效度,开发并验证了对技术本质理解的问卷。结果表明,问卷的题项与数据具有较好的拟合度。

Rocha 等(2017)通过让20名学生绘画和访谈的方式,从技术的工具性、认知性、系统性、价值性四个维度调查了学生对技术的理解程度。研究发现,学生会将技术视为一项有用的技术装置或是知识应用,以及他们生活中重要的组成部分。但学生在回答中,未从技术与科学、历史与文化、语言与肖像的成分理解技术。

回顾上述文献,我们得出以下启示。

1. 学生和教师对技术本质的理解是不全面的,是狭隘的。

上述研究中,学生与教师皆未对技术形成全面的、广泛的认识,尤其在技术与科学的关系、技术作为人工物、技术作为活动与过程维度上均未形成准确的技术理解。

2. 技术理解与技术态度存在显著正相关。

PATT 系列量表(PATT-NL、PATT-USA)中虽未将技术理解纳入技术态度的调查中,但在 Burns(1992)的研究中发现,学生的技术理解与技术态度存在显著正相关。因此,教师的技术理解与技术态度的关系值得深入研究。

3. 对技术的理解是多维的。

技术的形态各异、内涵丰富、涉及范畴较广,若仅从某一种表现形态、单一的内涵、特定的活动范畴去阐释技术的本质,那对技术的准确理解是无益的。从技术的内涵与现状分析中我们得知,对技术本质的理解应是多维的,涉及的技术成分应是多元的,涉及的技术领域应是多样的。

4. 剖析技术的本质可遵循理论演绎的过程。

上述文献中所采用的理论基础尚未有系统的哲学、心理学、社会学或者其他相关学科知识的支撑,大多依赖小样本和小范围的访谈法或问卷调查法去了解师生对技术的理解程度。此种归纳逻辑下所得出的对技术本质的理解无法保证其普遍性,对技术本质的理解调查也是不全面的,所建构的量表也并非是完全科学与合理的。

本书的目标不仅是为调查我国高中通用教师对技术本质的理解现状,还为准确测量他们是否真正理解技术的本质。恰如 Digironimo(2011)和 Liou(2015)在他们的文章中所提到的:技术本质的把握应从技术哲学、技术社会学、技术历史等视角来把握,如此才可准确描绘出其图景。因此,本书将遵循演绎逻辑,从绝对的、保真的基本理论中抽取对技术理解的结构框架,编制调查问卷与题项。

(三)技术理解的操作性定义

众人皆说技术,却只有极少数的研究者去尝试建构技术本质的理论框架。张之沧(2009)在《科学技术哲学》中提到,技术的本质可以从六类视角去分析:第一类是认识论或方法论意义上的,即从哲学的维度看技术;第二类是社会学意义上的,把技术看作是掌控人类文明进程的决定因素之一;第三类是人类学意义上的,即把技术看作人类的一种特殊的谋生活动;第四类是历史学意义上的,即把技术看作人类历史进化的一种产物;第五类是心理学意义上的,即把技术看作主体精神、能动意识的一种外化或物化;第六类是工程技术意义上的,即把技术看作规划、绘制、设计等技巧和技艺。虽然张之沧教授提及从六个层面上理解技术的本质,但其核心是围绕着技术的自然属性与社会属性展开,这与Digironimo(2011)提出的从哲学的、历史的、教育的视角理解技术本质的观点不谋而合。本书综合各方理论思考,拟从技术哲学的、技术历史的、教育的、技术与社会的视角理解技术的自然属性与社会范畴。

米切姆(2008)将技术分为四种基本类型:作为人工物的技术、作为知识的技术、作为活动的技术、作为意志的技术。该分类虽说不能准确涵盖技术所有的形态,但为认识技术提供了一个方便的、较为全面的框架。

从历史的视角看,技术的发展史也是人类的文明史。从简单技术到组合技术、高技术到复杂系统技术,技术在形态、结构、功能上发生一系列演变的同时,人类文明也完成了从石器时代、农业时代、工业时代到信息时代的更迭。技术进步推动了人类文明的发展,成为了推动社会发展、时代进步的动力源。Mcginn(1991)指出,技术不仅存在于现当代,还出现在每个时代里。每个时代中的技术发展是缓慢且累积前进的。从技术发展史的视角去审视技术与人的关系,有助于人们以历史的和发展的眼光去更好地理解技术。

从教育的视角去审视技术包括对技术与科学的关系、技术伦理的两方面考虑(Digironimo,2011)。陈昌曙(2002)在《陈昌曙技术哲学文集》开头部分就说明:"技术哲学的研究要以技术的相对独立性为前提,其中特别重要的是技术与科学的关系",明确两者的关系对重塑技术的地位、认识技术的本质有着重大意义。此外,技术作为一种涉及价值、伦理、规则和政治的文化实践,对其伦理的研究应是哲学家和教育者共同致力的领域(Durbin,2006)。在教育视域下审视技术伦理,有利于培育技术批判性思维与决策能力,同时还有助于全面理解技术的本质。

陈昌曙(2002)认为,"技术与社会的关系是技术哲学不能回避的问题,技术哲学与技术社会学难以划清界限。"本书赞同陈昌曙教授的观点,将技术与社会的关系置于技术本质的理解中,试图从技术社会学的视角去探讨技术在社会中扮演的角色,研究技术系统与其他种类社会系统或社会现象之间的各种关系,以全面把握技术现象的整体性、规律性和社会性。

结合本章第二节对技术特性、外延、国内外研究现状的分析,本书将从技术哲学、技术历史、教育学、技术与社会的视角审视技术,结合特有属性,从作为人工物的技术、作为知识的技术、作为活动的技术、作为意志的技术、技术的历史、技术与科学的关系、技术的两面性、技术与社会这八个维度去理解技术的本质。结构维度如图 1-1 所示。

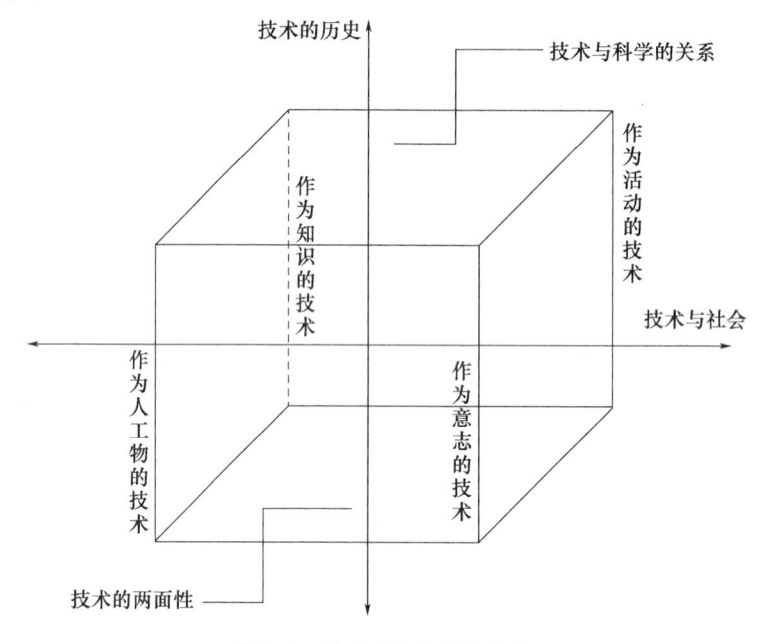

图 1-1 技术理解的结构维度

1. 作为人工物的技术

当谈论到技术作为人工物这一话题时,你首先会想到计算机、手机、汽车、书本……这是作为物质性人工物的技术所表现出来最为直接的形式,它们为人所造,也为人所用,与人类息息相关。那么,该如何定义技术人工物呢?技术人工物与其他物体有何区别呢?他们与人类呈何种关系呢?这是下面要讨论的重点内容。

(1) 自然物与人工物

比灵顿认为,作为物体的技术人工物显现出两个基本类型的实体:结构和机械(米切姆,2008)。结构是指静止的人工物,而机械指的是动态的人工物。两个基本类型的物体都属于更大系统的一部分,而这一更大系统也分为两种:网络和过程。这种系统是在派生的意义上作为物体的技术,在最初意义上也是由物体构成的,如互联网的构成由网线、集线器、电脑、网关等构成一般。因此,只要在最初意义上由实质性物体构成,或从实质性物体上派生的,都属于技术人工物的范围。

亚里士多德曾这么描述过自然物与人工物之间的区别,"如果一张床要发芽,那么它长出来的不是另一张床,而是一棵树"(米切姆,2008)。树与床虽都是由相同的质料(木头)构成的,但两者本质区别是:树有其自身运动与静止的源泉,自己发芽和枯萎;但作为技术人工物的床,其运动与静止的源泉却在他者那里,被他者修理、改进、损坏等。因此,人工物一定是被人类改良、改进或修正过的物体,无论它是否呈现被改良、改进、修正的目的。

(2) 人工物的物理与功能属性

技术人工物具有物理与功能的双重属性。物理属性是指人工物作为物体具有的物理属性,如大小、尺寸、颜色、重量、味道和化学成分,等等;功能属性则是指我们可以利用物理属性实现某一功能。技术人工物的物理与功能属性体现在设计与使用技术人工物的过程中。对于尚未存在的人工物,设计者会寻求一个适合于所需功能属性的物理属性;而对于存在的人工物而言,使用者会辨认其物理属性是否为适合期望的功能属性。需要指出的是,技术人工物的物理与功能属性并不是一一对应的,要实现技术人工物的某个功能属性,可能需要多个物理属性的支撑,反之亦然。由此我们可以推断,技术人工物的功能属性源于其本身的物理属性。

2. 作为知识的技术

柏拉图认为,知识是对真实信仰的验证。从此种观点来看,我们无法将技术作为知识来看待,因为技术知识是在不断自我建构和实践过程中才能寻找其完整性,它是经验的、派生的,无法在固定命题中被正确地表达。正如询问精于开车的人"如何在不下车观察的情况下就能行车通过狭小空间"这个问题时,他可能会回答:"我就是知道,但是说不出确切的理由,只是感觉应该这样做而已。"为此,Ryle(1945)将知识分类为知道那个(knowing-that)和知道如何(knowing-how)。knowing-that 是指"知道什么"的知识,它可以在命题中被表达;knowing-how 是指"知道如何"的知识,它不能在命题中被表现,是一种理解,属于能力之知。对于技术性知识而言,明言性知识如技术格言、描述性法则、技术理论都可以用命题清楚地描述,但很多默会的技术知识,如感官运动的技能,是无法通过语言和命题描述清楚的,属于只可意会不可言传的知识。

米切姆(2008)赞同 Ryle(1945)对知识的划分,从最不具有概念性的至最具有概念性的视角出发,将技术知识划分为工匠技能、技术格言、描述性法则、技术理论这四种类型,进一步佐证了 Ryle 对知识的划分。

(1) "知道那个(knowing-that)"的技术知识

技术格言作为解决问题的启发式策略,是制作技术人工物和使用技能所遵守的程序性知识,比如,想要制作红烧肉,先去血水,加入酱料,大火煮熟,小火烹制,这是一种技术步骤,技术学习者根据上述技术知识便可完成相应的技术任务。技术描述性法则通常被称为经验法则,他们是直接从生活经验中归纳与总结得来的。如大厨在做饭时无须恪守上述的技术格言,只需通过肉眼即可判断肉至金黄色即可出锅。肉色金黄是大厨的切身观察和长期经验所致。技术理论分为实体性和操作性两种类型。实体理论是将科学理论应用于几近现实的情境中,如将爱因斯坦的相对论应用于全球定位系统或北斗卫星定位系统中;操作性技术理论是指将理论运用于实际生活情境中,如数控机床控制理论等。可见,Knowing-that的技术知识可从书本、教材、他人经验描述、数据库中去获取,也可被清晰地阐述并应用于实际生活中。

(2)"知道如何(knowing-how)"的技术知识

只知道如何做却不能完全表达出来的技术知识可称为技术默会知识。这种技术知识是一种技能,也可以是组织默会知识的能力。手艺精湛的修车师傅在听到发动机的异响后就能辨别是什么地方出了问题。这种技能与个人感官息息相关,只有通过直觉和反复练习或请教有经验的艺人,才能掌握这种鉴别力的技能;这种技能无法通过语言或文字去完整地描绘出来,边做边学才是掌握这种技术知识的最好办法。可见,knowing-how的技术知识与人的感官、身体息息相关,边学边做才是获得此类技术最好的途径。

3. 作为活动的技术

提及技术,除了想到技术人工物与技术知识以外,我们通常还会将它们与发明、制造、操作和维修等描述人类多样化技术行为或行为过程的词语联系起来,可见技术是使人工物得以存在、技术认知得以成立的关键事件。技术具有帮助使用者从一个状态改变至另一个状态的功能,如从家里想去商店买一些食物,我们会借助公交车或自行车等交通工具。此时,交通工具就是作为活动的技术,帮助使用者实现从当前状态(在家中)到理想状态(在商店)的转变,这种技术活动与人类的活动(如设计、装配、操作)密不可分。

米切姆(2008)认为,作为活动的技术表现可划分为以下七种最明显的类型:精巧地制作、设计、劳动、维修、发明、制作和操作。上述类型中,制作、发明、设计都是活动,制造、劳动、操作和维修都是人类活动的工序,即过程。因此,技术的另外一种表现形式是作为人类的活动或过程而存在。

4. 作为意志的技术

费雷认为,将手工科学与技术联合起来的东西,正是作为"得以生活和生存"意志的技术动机的统一体;芒德福认为,技术是控制和激励的意志;斯克列莫夫斯基认为,技术的目的在于控制和改造世界,是对功效的追求和决心;奥特佳认为,技术是实现工人的完整心理过程的意志或实现工人的几乎所有的自我的意志(米切姆,2008)。作为意志的技术不是一种工具、手段、知识或者活动过程,它决定了物的呈现方式、世界的构造和人的存在方式。恰如人类创造了眼镜,眼镜通过扩大使用者眼睛的视野,使得人类身体的器官得到自然延伸;此外,眼镜使人看得更加清楚,使人的眼睛在眺望远方时与眼镜融为一体,形成了"人—技—世界"的关系,增加了人体眼睛的力量,延伸了人类原有的能力,这也是作为意志的一种技术的具体形态表现。

海德格尔在《关于技术的问题》中指出,技术是一种展现和揭示世界是什么的真理,是一个"挑战性的"展示,一种"设置",海德格尔将其称为"座架"。作为座架的技术不仅在筹划和挑战世界,它还筹划和挑战人类,其构成已暗含意志的成分,它作为中间人呈现了人与世界的关系,促成了人类原有行动方式和动机的改变。恰如人类发明汽车本为追求功效,但汽车若不设置减速装置就会造成社会危害。汽车挑战了人类的安全,促逼人类为它去安装减速装置,这也是技术作为意志的表现。在卓别林的《摩登时代》中,查理在流水线上拧螺丝时没有跟上节奏,结果跟着流水线被卷进了机器里,巨大的齿轮一圈圈啮合,将瘦弱的查理挤压得身形扭曲,但他仍然双手不停地在继续拧螺丝。足以可见,在后工业时代,机器已经取代了人类原有的生活方式,作为一种取代工人的完整心理过程的意志,它让我们变得机械与麻木,完全异化了人类,使人失去了个人意愿。

5. 技术的历史

技术是人类文明的重要组成部分,也是人类历史发展的基石。人类文明的发展源于技术的进步,这从青铜器时代至信息时代,不断更迭的时代中所出现的代表性技术就可得知。Mcginn(1991)在《科学、技术和社会》一书中提及,"技术作为一种活动早在现代技术时代到来之前已经存在了……远古物种被追踪时,人们已经参与了技术创新活动,以使自己不断适应和改变周围的环境。"因此,技术并不是在现如今高科技的环境下才出现的,它一直存在,只是技术在远古时代的存在感较弱,不为人所重视而已。

Volti(2005)认为,"技术的发展过程是一套具有独特文化价值和精神过程的产物,它们理性地处理着与世界的关系。"也就是说,技术的发展会受到文化、艺术、社会、经验、政治等外部因素的影响,它不再是工具、技艺等形式的简单随机组合,它的发展进程与社会发展息息相关,其发展快慢也受到外部因素、个人创意、人类需要的影响。因此,从技术的历史视角去辩证地看待技术的存在与发展有助于我们全面把握技术的本质。

6. 技术与科学的关系

技术与科学的关系一直是科学技术领域绕不过的话题。Truxal(1986)曾宣称:"技术就是用科学知识来达到人类特定的目标",这与多数人将技术视为科学应用的观点不谋而合。技术真的仅仅是科学的应用吗?他们之间有何联系与区别呢?这是下文将要讨论的话题。

(1)技术与科学的联系

技术的目标在于改造世界,科学的目标则是认识世界,两者互促互进,互为前提。科学为技术提供更多的洞见和更好的预测,技术则为科学提供了必要的手段和物质基础。中国古代并没有真正的科学,但四大发明的产生令世界瞩目,可见没有科学,技术仍可存在。而作为四大发明之一的火药,最初是由我国炼丹家们发现的,却也只能依据其特性,仅用于小规模、简易型的兵器装备制造中。随着近代自然科学的发展,西方国家建立了以金属冶炼、数学、物理、化学等为代表的现代科学体系,其火药武器基于现代科学原理不断改进,已逐渐形成了大型火炮的发射药和弹体炸药。可见,技术想要快速发展是离不开科学理论的。同样,技术也被深深地植入了科学,如果没有X射线和提取脱氧核糖核酸(Deoxyribonucleic Acid,DNA)的生化方法,也就不可能发现DNA的结构和碱基互补配对原则。由此可见,技术的应用加快了科学的发现,科学发现可以促进技术发展。技术与科学作为关系密切又相互影响的两门学科,具有目标和对象的一致性。科学利用技术来建构和完善自身,技术则应用科学来发展与重构自身。

(2)技术与科学的区别

从教育视角去审视技术与科学的区别,主要表现在以下两点差异。其一,科学教育与技术教育的成果形式不同。科学教育是为了形成完整的、科学的、客观的知识体系,而技术教育除了精神层面的知识体系化,技术能力、造物能力也是它所培养出的成果之一。其二,科学教育的成果不属于某一特定的个体或群体,是共同拥有的,正如爱因斯坦的相对论是整个人类共享的。但技术教育的成果则相反,它属于个人或某个社会群体、国家,如某种技术专利是属于个人的,原子弹技术属于国家机密等,这也意味着技术与科学不同,它更需考虑社会和自身利益。

7. 技术的两面性

不少人将技术说成是一把双刃剑和"潘多拉魔盒",这种比喻既贴切又形象。技术,在创造人类文明、造福人类的同时,也对人类健康、生存环境构成了潜在的威胁。作为探究道德现象与道德问题的哲学分支,伦理学为技术的申辩提供了理性的思考框架。Devries(2016)从安全、环境、隐私、军事用途、人类尊严这五个方面去讨论了技术的两面性。

从技术安全的视角看,要保障某一技术的安全性,势必要投入更多的开发精力,经历长时间的安全性测试,投入更高的制造成本。技术安全与技术效益间的博弈,通常会让开发者与管理者陷入两难境地。从环境保护的视角看,工业的飞速前进在推动经济发展、提高人类生活品质的同时,也造成了环境污染、矿产资源破坏等后果;对于技术设计者而言,想要设计和开发可持续发展的绿色技术,需要耗费大量的人力、物力与财力,这也致使人类面临着绿色技术与环境保护的两难选择。从人类隐私的视角看,现代信息通信技术使人们的沟通更为便捷,但数据传输过程中随时会面临着被窃取、未经允许被共享等问题,信息安全问题日益加剧使人类面临着技术伦理的拷问。从军事用途来看,军事武器的开发本来为保卫家园、捍卫和平,但它们的使用势必会造成伤亡。从人类尊严来看,现代技术解放了人类的双手,提高了人们生产、生活的效率,但长期依赖于这些技术,人类的动手能力、生活能力却退化了,这是技术对人类尊严的挑战和异化。

因此,技术具有两面性,我们唯有理性地、客观地认识技术设计、开发、制造、使用中的伦理问题,才能准确把握技术的本质。

8. 技术与社会

"从根本上说,技术的社会功能,体现在它是推动社会历史前进的巨大力量"(张之沧,2009)。技术的发展促进了劳动工具的更新,劳动工具的更新则推动了社会文明的进步。青铜器替代了石器,使人类社会从原始社会迈向了奴隶社会,铁器替代青铜器,使奴隶社会迈向了封建社会……技术作为推动社会发展的重要助力,影响着人类社会的发展进程。正由于技术对社会的巨大影响,社会的各种因素必然会对技术发展提出要求,迫使技术对社会需求做出相应的回应,其中课题申报、科研奖励、成果转化等一系列手段就是技术回应社会需求的方式。

人作为社会动物,其行为方式必然受到社会、声望、礼仪、习俗、他人的约束与影响,而"技术作为人类生存和发展的方式"(张之沧,2009),亦受到社会规范与礼仪的影响。技术是人的技术,所谓拜师学艺、独门秘方皆是技术不可外传与不便公开的特征表现。专利法的出台也维护了技术发明者的个人权益,使得某些群体或个人在社会中获得竞争力,可见技术的私人性与保密性让某些群体或个人处于竞争的优势地位。倘若在技术发明、实施与使用中只考虑个人利益,过分追求个人实现与主观意志,置社会、他人利益于不顾,则容易酿成社会危机。因此,技术的发展与实施务必将社会群体利益置于第一位。

三、技术态度

与自然科学不同,人文社会科学领域中使用的术语、概念和理论体系很难用客观的语言、可操作的数学公式来精准地表达。因此,人文社会科学领域中的许多概念术语与理论体系通常充满了争议。"态度"一词于1862年在心理学家Spencer(1904)的著作 *First Principles*(基本原理)中首次被提及,随后在教育学、组织行为学、社会学等领域中都得到了广泛的关注。"态度"作为具有粗略定义但并不实用的心理学和社会学的理论概念,其概念与内涵在不同的情境下表述各异,直至目前也尚未达成统一的认识。因此,下文试图回溯态度的定义、相关理论与结构,为开展下一步研究工作奠定理论基础。

(一)态度的概述

1. 态度的定义

众多学者对态度给出了如下定义。Thurstone(1928)认为:"态度是指一个人对某一特定话题表现的倾向、感情、偏见、先入为主的观念、想法、恐惧、信念的总和,如一个人对和平主义的态度,是指他对和平与战争的整体感受与全面看法。"米尔顿等将态度定义为"使人们对事物和情境的反应具有某种倾向性的、相对稳定的信念组织结构"(艾肯,2008),突出了信念与态度存在一定的关联。Fishbein等(1972)也认为,态度是由信念与构成信念的情感价值观所复合而成的复合物,与个人对事物的整体信念和评价有关。麦克奎尔将态度划分为认知、情感、行为表现三个成分,认知是指个人的信念、知识、期望、态度对象与其特征之间的联系,情感是指个人情绪、感觉等一系列的心理变化,行为表现是指行为意向与发生过的行为(艾肯,2008)。Gagne等(1974)认为,态度是"一种影响人们对待外界人、事或物的行为方式的内在状态",Greenwald(1989)认为"态度与一个心理客体相联的情感",Eagly等(1993)将态度定义为"带有赞同或者不赞同偏向性评价事物的倾向,这种倾向反映在认知、情感与行为中",构成了态度ABC模型;雷蒙德·卡特尔则将态度定义为"行动的准备性,属于情感成分"(艾肯,2008);Ajzen(2001)认为,"态度代表着对某一心理对象的总体性评价,具备好与坏、有害的与有益的、愉快的与不愉快的、喜欢的与厌恶的等属性维度"。

梳理众多学者对态度的定义,我们发现,关于态度的概念研究可分为以下两大阵营:①态度由认知、情感和行为三个成分组成,态度是个体用于分析、判断与选择某一客体时所呈现的心理倾向与反应,具有评价的色彩;②认知与情感是态度的两个重要成分,会影响个人对某一对象的总体性评价,从而导致行为产生相应的变化,态度是行为发生改变的前置条件。因此,本书有必要对态度的相关理论及其构成成分展开详细论述。

2. 态度的理论

态度是如何发生的?又是怎样改变的?在改变的过程中会呈现哪些形态?态度的改变引起了哪些因素的变化?下文将从态度学习理论、期望—价值理论、内隐态度与外显态度、态度—行为过程模型、平衡理论与认知失调理论、态度表征理论来阐释态度的发生机制、形成过程以及外在联系。

(1)态度学习理论

态度不是与生俱来的,而是与行为习惯一样,在后天的社会生活环境中通过学习逐渐形成的(Hovland et al.,1953),态度的获得经由条件反射的方式进行,其形成的过程可以描述为通过联想、强化和模仿的学习方式不断学习的结果,这三种形式的学习分别以经典条件反射理论、操作性条件反射理论和社会学习理论为基础。

巴甫洛夫的经典条件作用理论说明态度是一种习得的过程,个体获得对某一事物的积极态度是从伴随着愉悦经历的刺激而来的,消极的感受或态度则伴随着痛苦经历的刺激而来(艾肯,2008)。如想培养孩子养成饭前洗手的生活习惯,家长常会在饭前给孩子看一些细菌和病毒的可怕造型与科普知识,孩子接触这些不愉快的体验后,对饭前不洗手的行为便形成了排斥的态度。借助对细菌和病毒知识的认知和对其可怕造型的不愉快体验,孩子产生了对饭前不洗手行为不赞同的态度。可见,对客观事物的认识与情感体验可用于解释态度的形成与转变。

斯金纳的操作性条件反射理论认为,态度的习得是建立在操作和强化的基础上的。操作性条件反射认为个体是否会对某一特定刺激做出反应,取决于该情境对个体的意义和实用性的影响,个体需要在该情境引发他行为之前就明白其中的意义(艾肯,2008)。强化理论用于解释人们态度的塑造过程,如学生对待作业一丝不苟的态度在受到教师的表扬后会表现得更加强烈。由操作性条件反射理论与强化理论可知,情境依赖、个人认知、外部因素都是影响态度形成的重要因素,态度的形成与塑造是在环境、情境和个体的合力下形成的。

从班杜拉的社会学习理论中得知,态度的习得是通过观察与模仿他人行为实现的,是一个社会化学习的过程。个体对他人的行为有一个较好的观察(即对其态度有充分的认识),加上强化作用的激励(即通过外部环境的作用与自我效能感的实现),进而模仿形成自我态度。由此可见,对客观事物的认知、自我效能感和外部环境是影响态度的重要因素。

(2)期望—效价理论

期望—效价理论指出,人们所持的态度是受态度的价值决定的,而态度的价值则取决于期望与效价的乘积。态度的形成建立在对某件事物利弊得失的观念基础上,从而自发地、自然而然地形成最佳态度(Ajzen,2001)。在该理论中,个人信念与对象的属性相关,即对某个客观对象的态度取决于对象属性与关联强度的主观价值判断,尽管人们对某一事物有很多不同的观点,但只有在记忆中可提取的信念才能影响态度,而信念的易取性和重要性则会干预期望的激活。因此,个人对客观事物认知的重要性和难易程度等主观价值判断会影响态度的形成。

(3)内隐态度与外显态度

众多文献表明,态度与行为具有高度相关,态度对行为具有高度指向性(Fishbein et al.,1974;Ajzen et al.,1980)。Myers(1990)指出,"态度可以预测行为的前提则是我们能够意识到自己的态度",Mcguire(1973)则指出,"态度即使在不能察觉的情况下(即内隐态度),也能精确地预测行为"。Greenwald 等(1995)将内隐态度定义为"对过去经历内在的、不能精准定义的、面向社会客体的喜欢—讨厌的感受、思维或行为的表达",是态度的内隐成分。由此可见,双重态度模型包括了内隐态度与外显态度,双重态度的获得是内隐态度与外显态度同时作用的结果,也可以是外显态度形成后获得内隐态度的结果。相较于外显态度,内隐态度的改变则是一个相对漫长的过程。当外显态度发生改变后,内隐态度也会随之慢慢发生变化,内隐态度的变化会作用于外显态度上。因此,改变态度有效的办法是选择改变外显态度,而不是内隐态度。本书将态度视为可测量、可操作、外显的变量,欲通过测量高中通用技术教师的外显态度来预测其行为变化。此外,由于高中通用技术教师教龄的增加、培训次数的增多,会导致内隐态度发生一定的变化,从而体现在外显态度上。因此,本书欲考察不同教龄、不同培训次数的教师在外显态度与行为上的表现差异。

(4)态度—行为过程模型

态度—行为过程模型表明,态度和事先储存在特定情境中的认知会影响人的外显行为。根据此模型,在特定的情境(比如街边有乞丐向你乞讨),你会根据对乞丐、乞讨行为的认知来判断是否在路过之时向他施舍。这种认知是在给定的情境下激活了态度,触发了这种行为的产生。因此,本书中在探讨高中通用技术教师的技术态度时,应将态度与行为置于同一情境中,即不能在 A 情境下激发个人认知与态度,在 B 情境下探讨行为变化。

(5)平衡理论与认知失调理论

Heider(1958)的平衡理论用于强调一个人对某一认知对象的态度,常常受他人对该对象态度的影响。当人们感觉与他人的关系不平衡时,会改变自己的态度或行为以重建在这些关系中的平衡状态。与平衡理论相似的是认知失调理论,Festinger(1957)认为,当个体的认知、信念或态度与他人发生冲突时,个体将经历认知失调,这种失调产生的情绪或生理上的不良反应会改变自身态度或动机。从平衡理论与认知失调理论中发现,个人的态度会受到他人认知、态度或行为的影响。

(6)态度表征理论

Lord 等(1999)的态度表征理论(Attitude Representation Theory,简称 ART)旨在解决态度与行为、态度与物体存在不一致或矛盾的问题。态度表征理论包括表象假说和匹配假说,表象假说是指一个人对刺激的反应不仅取决于对该刺激的感知和周围环境的影响,还取决于对该刺激的主观表征;匹配假说是指一个人在某种情况下对主观表征和被感知刺激间的匹配越密切,且在不同情境下主观表征和被感知刺激间的匹配程度越高,其态度就越一致。从态度表征理论中我们得知,记忆、解析以及其他的主观认知过程对人们在各种态度情境中的行为起到了决定性的作用。

从上述理论中我们得知,态度的发生是个体与外界不断相互作用的过程,外在因素作用于个人,个人又在认知、情感维度上表现出对外界客观事物的选择与判断倾向。个人的主观认知、客观认识、外部环境、自我效能感和情感是影响个人态度的重要因素,内隐态度与外显态度是相互作用的,态度强度较大时则会影响信息判断及决策,从而影响行为表现。因此,在探讨态度的形成和改变时,除了讨论影响态度的内部因素(如个人认知、情感、自我效能感等),还需考虑影响态度的外部因素(如对客观事物的准确认识和理解、外部环境等)。故本书将对技术本质的准确理解作为技术态度形成的前提条件和影响因素,以为技术态度的形成提供合理解释。

3. 态度的结构

Rosenberg 等(1960)提出,态度可从情感、认知和行为三个成分开展测量,Eagly 等(1993)持有相同建议。在 Eagly 等(1993)对态度划分的三维模型中,认知成分是指个体对事物的评价、观点与信念,这种观点与信念是对客观事物从积极至消极的评价倾向。情感成分是指个体对待事物时的情感与情绪,积极的态度通常伴随着正面的身体或情绪反应,消极的态度则有着消极的情感反应。行为成分是指个体面对事物时的行为反应或行为。这种行为反应可以是显性的(如已经发生的行为或正在起作用的行为),也可以是隐性的(尚未发生的行为或只是存在某种行为意向)。态度的三个成分(认知、情感、行为)在上述态度理论中也被提及,但自我效能感、外部环境作为影响态度的两个重要因素却未被提及。

Ajzen 等(1980)在计划行为理论(Theory of Planned Behavior,简称 TPB)中提到,认知与情感作为态度的两个重要组成成分,是行为意向和行为的刺激因素;行为意向可被视为态度的两个维度直接输出的结果,而不是态度的一个组成部分。计划行为理论指出,行为意向是指一个人是否愿意尝试进行某种行为的程度,行为的发生则取决于具体的情境与行为意向。通过对上述态度理论的分析,本书决定接受Ajzen 等(1980)对态度与行为关系的考虑,将行为作为态度的直接输出结果,而不成为态度的组成维度。

Ford(1992)在动机系统理论中论述态度与行为的关系时提及,"自我效能感是态度的重要组成因素",个人的行为表现常受到自我能力感知的影响。自我能力感知作为个人对自己所拥有能力执行某特定行为的认知,被视为等同于自我效能感的概念。在计划行为理论中,Ajzen 等(1980)将自我效能感归类于行为控制的组成成分中,行为控制影响了态度的形成。社会认知理论提到,社会环境因素(如他人、榜样和资源等外部因素)会与行为相互影响,Ford(1992)也认为外部因素是影响个人态度的显著因素。Vanaalderen-smeets 等(2012)在研究中学教师对科学的态度时,结合计划行为理论和动机系统理论,将自我效能感、外部因素置于行为控制维度中,作为影响态度的重要组成成分。

综合上述对态度相关理论的分析,本书采纳 Vanaalderen-smeets 等(2012)对态度维度的划分方式,将态度视作由认知、情感和行为控制这三个相互影响、相互作用的维度构成。

4. 教师专业态度的相关研究

(1)个人态度与专业态度

态度有个人态度与专业态度之分(Asma et al.,2011)。探讨高中通用技术教师的技术态度前首先要厘清两者的区别。技术教师对技术的个人态度是指教师作为一个公民,不将职业身份代入至个人对技术的观点、感受与信念中,仅从个人的角度去看待技术的发展,表达对生活中出现的高新技术产品的观点、情感和感知等。高中通用技术教师对技术的专业态度则是指通用技术教师在其专业背景下,对技术内容、技术话题的观点与情绪表达,如教授技术课程的愉悦感与焦虑情绪,对技术教育、技术内容的主观看法等。它是处于学校、课堂和教师身份的背景下所产生的认知、情感与行为感知。个人态度与专业态度之间存在紧密联系又相互区分(Koballajr,1986)。本书选择通用技术教师对技术的专业态度进行研究(以下简称技术态度),以期更有针对性地服务于我国通用技术教师专业发展和高中通用技术学科建设。

(2)教师对其他学科专业态度的研究

教师的专业态度在科学、信息技术、化学、STEM(科学、技术、工程、数学)教育、英语等学科中曾被广泛讨论与测量。Coulson(1992)从"科学教学中的信心""对科学的有用性认知""科学教学中的愉悦感"以及"科学对青少年适用性认识"这四个维度,调查了200名幼儿教师对待科学的态度。Vanaalderen-smeets 等(2012)将初中教师面向科学的态度框架划分为认知信念(重要性、难度、性别信念)、情感(愉悦、焦虑)、感知控制(自我效能感、外部资源)这三个维度。Suprapto 等(2017)调查了379位职前教师对待科学教学的态度,通过探索性因素分析和验证性因素分析,将面向科学教学的态度划分为如 Vanaalderen-smeets 等(2015)所提及的维度。Thibaut 等(2018)运用回归分析的方法探讨了教师个人背景变量、学校因素对 STEM 教育态度的影响,通过五等李克特量表测量得出,教师的 STEM 教育态度可从技术的重要性、数学的重要性、科学的重要性等维度获得。

从其他学科中我们得知,教师积极的专业态度对教学行为(Vanaalderen-smeets et al.,2015)、教学实践(Giovannelli,2003)、教学频次、经验以及学科教学知识(Rohaan et al.,2012)有着显著影响。相反,若持有较为消极的专业态度,教师在教学中的自我效能感较低,他们不愿花很多时间去讨论与开展教学,甚至对学生的学习态度与表现会产生消极的影响(Rohaan et al.,2010;Osborne et al.,2003)。此外,Vanaalderen-smeets 等(2015)开展了聚焦态度的教师培训课程,通过控制组与实验组前后测的对比研究发现,以聚焦态度为核心的培训课程在提高教师对科学教学的态度、自我效能感、信念和乐趣方面比单纯从事以科学内容为中心的教学更为有效。

(3)教师的技术态度研究

Bame(1989)利用 PATT-USA 教师问卷调查了来自弗吉尼亚州18所学校的71位教师的技术态度,该问卷共包含5个人口统计学变量、9个维度、60个题项,但在该问卷中并没有将题项与测量维度阐述清楚,也未揭示详细的研究结果。Androulidakis(1991)调查了251位希腊教师对技术的态度,通过因素分析发现,希腊教师的技术态度仅包含两个有意义的因子,它们分别为:技术及技术教育的重要性与必要性、技术中的兴趣。问卷中仅存的11个题项是有效的,且未对详细题项作过多的说明。Asma 等(2011)通过对84位教师进行半结构访谈"对科学与技术的态度",归纳出教师对科学与技术的态度可划分为:认知信念(重要性、难度、性别信念)、情感(愉悦、焦虑)和感知控制(自我效能感、外部资源)。Nordlöf 等(2017a)访谈了10位技术教师对技术及技术教育的观点与态度,分别从自我效能感(教学经验、教育经历、兴趣、课程知识和教学准备)和外部资源(同侪支持、教学大纲、教学资源和课程地位)两个视角论证了外部支持与个人内部因素会影响教师技术教学态度。Nordlöf 等(2017b)通过问卷调查了1153位瑞典技术教师面向技术教育的态度,分别从技术教育的重要性,技术教育的外部资源,技术教育的课程内容,技术教师的信心、兴趣、知识四个角度展开调查,得出不同技术态度(消极、一般、积极)群体和教师个人背景、学校课程和教学资源之间的联系与差异。

综合教师的技术态度研究定义,笔者认为上述研究存在两个问题:其一,对教师技术态度的分析虽有翔实的理论支撑,但却无系统的实证研究框架和系统的测量量表;其二,多数研究仅在态度的部分维度上开展讨论,且对技术态度维度的提炼多基于个人经验和小样本访谈。目前最为主流的教师专业态度测量遵循了 Vanaalderen-smeets 等(2012)提出的初中教师面向科学的态度维度与成分划分,其框架结构有着翔实的理论基础与文献支撑,为后续的研究提供了参考与借鉴。

5. 技术态度的操作性定义

本书将沿用 Vanaalderen-smeets 等(2012)提出的科学教师的技术态度框架结构,用它来测量高中通用技术教师对技术的专业态度,如图 1-2 所示。

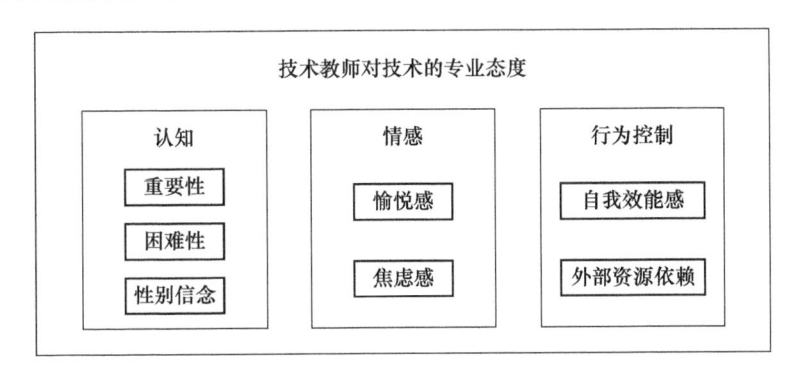

图 1-2 技术态度理论框架图

(1)认知

通用技术教师对技术的专业态度中第一个维度是认知,它包括从积极到消极的评价、观点和信念,由重要性、困难性和性别信念三个成分构成。重要性是指通用技术教师对技术课程重要性的认识,如通用技术教师认为"在中小学阶段开设技术类课程是必要的""技术类课程与其他课程一样重要""技术教育对学生未来发展是重要的""技术类课程的内容与日常生活是密切相关的""技术类课程在中小学阶段应作为一门必修课"等。困难性是指通用技术教师在教学中对困难或轻松的感知,如通用技术教师认为"教授技术类课程相对其他课程困难些""技术类课程的内容对学生来说是难以理解的""培养学生的技术价值观是困难的""对新手教师来说,教授技术类课程是困难的"和"准备技术类课程比其他课程困难些"等。性别信念是指通用技术教师在技术教学中的性别偏见或刻板印象,如通用技术教师认为"男生比女生更了解技术""男教师比女教师更享受技术教学""男教师比女教师更善于设计有趣的技术活动""女生学习技术课程比男生困难些"和"技术类课程对男生今后的职业生涯发展比女生更为重要"等。

（2）情感

通用技术教师对技术的专业态度中第二个维度是情感,它是指通用技术教师在教授技术类课程中所表达的积极、消极情感和情绪,由愉悦感和焦虑感两个成分构成。愉悦感是指通用技术教师在技术教学中的快乐、满足、好奇、兴趣与渴望,具体表现在通用技术教师享受教学、乐于与学生分享技术知识、乐于准备技术类课程和对教授技术类课程充满热情等。焦虑感是指通用技术教师在技术教学过程中的焦虑与困惑情绪,具体表现在通用技术教师担心教学开展不顺利、忧心自己不能清楚阐释技术内容、焦虑技术活动的设计和在技术教学过程中感到不安等。

（3）行为控制

通用技术教师对技术的专业态度中第三个维度是行为控制,它是指通用技术教师把控技术教学中的感知,主要由自我效能感和外部资源依赖两个成分构成。自我效能感是指通用技术教师对自身能力的认知,这取决于教师个体的内在因素,如能力认知和可控感,具体表现在通用技术教师认为"自己可以在技术教学中引入很多观点""能有效开展技术类课程教学""能很好地理解技术类课程的教学内容"和"可以妥善处理学生在技术类课程中遇到的困难"等。外部资源依赖是指技术教学过程中的外部因素与情境依赖,具体表现在学校提供技术教学资源、校领导支持技术类课程发展、同事提供该课程的支持与帮助和家长对技术类课程的重视等。

本书将从以上所论述的三个维度（认知、情感、行为控制）、七个成分（重要性、困难性、性别信念、愉悦感、焦虑感、自我效能感、外部资源依赖）去编制具体的题项。

四、技术行为

行为,是指有机体受思想支配从而表现出的心理活动与外显的动作举止。外显行为能够为外人所觉察,可通过对对象的声音、动作与反应观测出来,此处我们取狭义的行为范畴,即外显行为。社会心理学领域中对人类行为的研究多为揭示人们对问题或现象的认识和态度,故而知行关系、态度与行为的关系一直为人所津津乐道。知信行（Knowledge-Attitude-Practice,简称 KAP）理论表明,当人们获得了准确的知识,并对知识开展了积极的思考,才能逐步形成正向的态度,最后促成稳定行为的发生。根据 KAP 理论,想要形成技术教育的健康生态,教师首先应对技术本身形成准确的理解,才可促成积极的技术态度。本章第一节中提到,技术理解和技术态度作为行为发生的前置条件,从理论上讲可以有效预测、解释和干预技术行为。因此,本节的主要目的有两个：一是由认识、态度与行为的关系,推断出技术理解与技术行为作为一种特殊"知—行"关系的因果关系和先后逻辑顺序,技术态度与技术行为作为

第一章 技术理解、技术态度与技术行为的内涵

一种特殊的态度与行为存在因果关系的可能;二是根据行为的操作性定义,给出本书中技术行为的内涵定义。

(一)关于行为的研究

"知—行"关系

我国传统哲学对"知—行"关系的研究主要从伦理道德和认识论这两个角度来讨论。孔子、孟子和老子对知行关系的论述多从伦理、道理、政治的视角出发,而墨子和荀子多从认识论的视角阐明知识的来源及与行为的关系。本书拟从认识论的视角出发,在中国传统哲学和西方哲学以及当代社会心理学的视域下讨论知与行的关系,以为技术理解与技术行为间的因果关系和先后逻辑顺序寻找存在的可能。

1."知"与"行"的概念定义

中国传统哲学中的"知"是指认知、感知与行的意向,具有认识论和伦理学的双重属性;而"行"则是指意念的动向,涉及心理行为、动机启示、意志行为等,是一种由心灵向身体转向的外显活动、动作和实践表现。在西方认识论中的"知"包括了事实、判断与信念,与信仰不同,它是和真实"实在"领域相适应的,是指证的、必然的、确切的,既独立于变迁之外的,也独立于人们生活的世界,即独立于我们感知经验和实际经验的世界之外;"行"却是指纯粹的活动和实践的动作。知与行是截然不同的,纯粹的活动是理性的,属于理论性质的,意即脱离实践动作的理论,属于心灵、思想、意向上的自我活动;实践的动作则是一种有目的的实践行动的方式,它涉及一个实有区域,是具有时间性的实践外表动作。

本书中的技术理解取自于西方哲学中对"知"的定义,是一种必然的事实,确定的技术信念和理性的技术知识;技术行为则是指理性的技术活动和有目的的技术实践,研究技术理解与技术行为的关系是为了寻求某种确定性解释。

2."知—行"关系的先后顺序

"知—行"关系的先后顺序一直为世人所争论。北宋程颐认为"知为本,行为后",故先知后行。朱熹赞同程颐观点的同时,对知与行的重要性也做了论述:"论先后,知为先;论轻重,行为重。"谭嗣同也强调了知的重要性,认为知乃灵魂之事。王守仁并未指出知与行的先后顺序,却明确指出了"知行合一"的命题,他认为我们不仅要认知,还应当实践,知中有行,行中有知,以知为行,才可得"良知"。毛泽东同志在阐述知和行的关系时指出,实践是认识的源泉、动力、目的和检验标准,他认为知与行的关系犹如认识与实践的关系。技术理解与技术行为是一种特殊的"知—行"关系,也存在先后顺序和因果关系。笔者认为,技术教师的技术理解先于技术行为,其原因在于,技术行为是作为教学过程中的行动和活动出现的,技术理解却是在生活、学习中,以及与技术的相处中先于技术行为形成的知识和认识,虽会受作用于技

术教学,但一定是先于实际教学产生的。因此,笔者认为,技术理解先于技术行为,对技术行为有着预测作用。

3."知—行"关系的几种可能

社会心理学研究表明,个体知与行关系的形成主要取决于认知,但也与环境、理智、情感、身体、心灵、情境等因素息息相关,故而知与行的关系存在了多种可能性(姚新中 等,2020)。

知行不一:社会心理学中对此给出了三种解释。第一种解释是个体处在群体一致性的环境下,迫于群体压力做出从众行为。此时的个体或许对某个"实在"有着稳定和明确的认识,但为避免与群体间发生冲突,故而做出与自身认识相背离的行为,这种知行不一是由群体环境和主观规范造成的。第二种解释是个人认识受到了信息社会影响,即个人认识系统接纳了他人的认知,从而破坏了原有知行关系的稳定性,这主要是因为个体的认知范围和深度的不健全导致的行不到位。第三种解释是个体情感缺失导致的知不达行,个人认识不受群体和他人影响,但缺乏共情心理,以致身心无法合一。

知行连动:王阳明指出,"见好色属知,好好色属行""闻恶臭属知,恶恶臭属行"。知与行作为一个连贯的过程,足以见得知开启并触动了行,而如何解释这种联动的机制,还需从心理学上说起。心理学中白象效应常用来解释一种被否定的且被压制的想法遭到压抑后引发甚至强化了消极行为的表现,这也从侧面证实了个人意志与行为间的关联,即存在知行连动的可能。

知行合一:王阳明认为"无诚爱恻怛之心,亦无良知可致矣",情感在知行关系中有着举足轻重的地位,情感的参与是认识指向行为的关键因素,情感在理性认知指向行为的过程中扮演着推理、辩护和检验的作用,而认知对情感与行为的关系起着理性的约束。因此,情感在知行合一的关系中扮演着不可缺失的角色。

想要寻求技术理解与技术行为的确定性关系,首先应重视个体所处的情境与环境,肯定情感对知行关系的影响,即明确技术态度与技术行为的关系。因此,下面将对态度与行为的关系展开论述。

(二)态度与行为的关系

Lapiere(1934)在美国餐馆接待某国人的调查中发现了态度与行为的不一致性。Lapiere与该国夫妇对去过的184家美国餐馆进行问卷回访是否接待该国人这个问题时发现,只有一个老板给出了肯定答案,但实际上这184家餐馆老板都接待过那对夫妇。其研究方法虽备受争议,但态度与行为的关系却受到了社会心理学的广泛关注。Wicker(1969)指出,态度对行为没有任何预测力与解释力,这一结论曾一度让研究者们重新思考态度与行为的关系,甚至认为可以放弃对态度概念的研究。然而,社会心理学家们并未失去对态度与行为关系的研究热情。Fishbein 等(1975)对态度概念及其效用的评估提出了不同的看法,他们认为一个人对某个对象的态度会影响到他的整体反应,而不是预测某个特定的行为,根据这一看法我们得知:一个特定的行为由其行为意图决定,行为意图是决定显性行为的直接因素,可作为中间变量呈现态度与行为的关系。

行为意图,被认为是个人执行某个特定行为的主观概率,是预测个人行为的最佳因素。Bentler 等(1979)认为,态度在行为病因学中的中心地位是通过它们对行为意图的影响建立的,而不是通过他们对行为的直接影响来实现的。Bentler 等(1979)与 Ajzen 等(1977)的结论不谋而合,这无疑是对前人"态度与行为无关联"观点的重新修正。为了进一步厘清态度与行为的关系,探讨在何种状态下态度与行为才能保持一致,Ajzen 等(1977)通过对 142 项态度—行为关系的实证调研中发现,态度与行为的关系要么呈现出显著的低一致性,要么呈现出不同环境和测量方法下研究结果的不一致性。而当态度与行为呈现高度一致时,两者的关系往往是显著的,正确的测量方法可以加强其显著性,而错误的测量方法则会削弱其显著性。

如何使态度与行为呈现高度一致性并显著呈现呢?Ajzen 等(1980)指出了关键所在,那就是态度与行为的实体必须高度一致,即 ATCT(指行动、目标、情境、时间)元素保持一致,或至少得保持态度与行为的目标(T)和行动(A)元素一致。此外,在选择研究某一具体的行为与态度之间的关系时,这种态度的实体(即 ATCT 元素)也应该是具体的;若对一般的行为开展研究,如对黑人的歧视行为展开调查,那应该观察不同的背景下对不同的黑人的歧视行为,对黑人态度的衡量标准也应符合上述标准,这就是对等性原则,即与行为相关的其他变量(如态度、主观规范、感知行为控制、意图)都要遵循行为的四种要素定义(目标、行动、情境、时间),在概括性或具体性上保持同一水平。同时,态度—行为之间的关联可以通过累积的方法,即累积性原则(艾肯,2008),采用多项题目而非单一题目去测量态度和行为。通过这种方法,测量到的整体态度能够较好地预测整体行为模式,而非预测某些具体的行为表现。

需要指出的是,本书中的技术行为与技术态度在一致性或具体性上始终保持同一水平,即遵守对等性原则;此外,技术态度的测量涉及前文所述三个维度、七个成分中多项题目的测量,技术行为模式也是由多项题目测量得出,构成了技术整体态度与技术行为模式的关系。累积性原则与对等性原则的提出从本质上解决了 Lapiere(1934)在研究方法上出现的问题,"行为意向"的出现缓解了技术与行为关系不一致的危机,这两点均在理性行为理论与计划行为理论中体现出来。

1. 理性行为理论

理性行为理论(Theory of Reasoned Action,简称 TRA)的模型思路源于态度理论。作为一种行为意向预测模型,理论行为理论模型涵盖了态度预测和行为预测,关注态度对个体行为的影响过程以及基于认知信息的态度形成过程(艾肯,2008)。

其主要假设是:态度结合了人们对具体态度对象特征的信念以及对这些特征的评价,人在做出某一行为前会综合各种信息去考虑自身行为的意义和后果。理性行为理论作为一个多重回归模型,用于确定态度和常规信念成分在预测行为意愿中的相对重要性,进而由行为意愿去联系可观测的行为。

TRA 理论认为,个体的行为在某种程度上可以由行为意向合理地推断,而个体的行为意向又是由对行为的态度和主观规范决定的。人的行为意向是人们打算从事某一特定行为的量度,而态度是人们对从事某一目标行为所持有的正面或负面的情感,它是由对行为结果的主要信念以及对这种结果重要程度的估计所决定的。主观规范指的是人们认为对自身有重要影响的人希望自己使用新系统的感知程度,是由个体对他人认为应该如何做的信任程度,以及自己对他人意见保持一致的动机水平所决定的。这些因素结合起来,便产生了行为意向,最终导致了行为改变。

TRA 理论进一步阐释了态度通过行为意向间接地影响行为,对行为的发生和改变有着很好的预测作用。根据班杜拉的社会学习理论,个人的行为是在与周围环境相互作用下形成的,个人的行为具有社会属性。因此,TRA 理论的局限在于:过于强调个人对自身行为的控制能力,忽视了形成的态度环境对行为的影响。这也是本书将知觉行为控制纳入技术态度的重要依据之一,此处不再赘述。

2. 计划行为理论

Ajzen 在后续的研究中发现,人的行为并不是百分之百地出于自愿,而是处在外部环境的控制之下。因此,"知觉行为控制"概念纳入至新的行为理论研究模式中,形成新的行为理论模型,即 TPB 理论。该理论认为,仅当可以控制自己行为之时,人们才可以按照自己的意愿行事,这种控制感随着任务的难易程度而变化,它既是对过往经验的反应,也是对执行当前任务的困难和阻碍的感知。本书将外部资源依赖与自我效能感一起纳入"行为控制"维度中,使之成为技术态度的重要组成成分之一。

TRA 和 TPB 理论都认为,对事物的态度是个人在行动前被考虑的信息,这也就是说,只要态度与行为这两个概念构成符合对等性原则与累积性原则,且保证测量方法的有效与可靠性,在理论层面上态度与行为的关系是具有一致性的。高中通用技术教师对技术的专业态度与行为作为感性判断与理性思考的结果,属于一种特殊的态度与行为的关系,符合 TRA 和 TPB 的关系模型,存在因果关系的可能。

(三)技术行为的概述

Upmeyer(1898)认为,行为是指判断、决策和明显的行为序列过程,我们的生活则由一系列的行为序列构成。下面,我们将给出行为的内涵以及技术行为的操作性定义。

1. 行为的内涵

Ajzen(2002)认为,行为可由四个不同的元素构成,分别是行动(Action)、行动的目标(Target)、执行行动的情境(Context)以及开展行动所需要的时间(Time),简称为 ATCT 元素。比如,由"在接下来的一个月里,每天在健身中心的跑步机上步行至少 30 分钟"这一行为,我们可以得知,"步行至少 30 分钟"是行动(A),"跑步机上"和"在健身中心"都可被认为是行动的目标(T)或情境(C),"在接下来的一个月里"可被定义为时间(T)。

Ajzen 等(1977)认为,行为的 ATCT 元素的概括或具体程度取决于测量过程。观测单一的行为通常涉及四个具体要素,也就是说,一个特定的行动是基于给定的目标、给定的情境以及时间基础之上的。概括的行为是通过多样的观察得知,整合了上述一个或多个成分。定义目标元素的规则如下:当观察的行为涉及的目标样本是异质的,目标元素则无法被详细指定;当不同的目标构成了一个同质的群体,它们的共同属性就可以确定为目标元素。例如,当目标对象为其他人,人与人之间没有同质性存在,那么目标元素只可确定为人;当作为目标的个人具有相同的性别、信仰或者种族时,男性、犹太人、汉族等元素便可构成目标。其原则也适用于行动、情境与时间元素的定义上。当观测到一个非常异构的行为样本时,行动元素无法被指明。然而,详细动作的集合代表了一个更普遍的行为,如交流、倾听和握手等动作代表了合作的行为。因此,一系列的动作是基于行为类来定义的。

总之,测量过程决定了行为实体。在不同的情境和时间中,对异质的目标群体观测到了相同的行动,我们就得到了一个由动作元素定义而成的行为实体;当在不同的情境和时间中,对同一目标观测出了不同的行动,我们就得到了一个由相同目标群体构成的行为实体。以此类推,通过不同元素的组合,如情境或时间元素的变化,我们就可以定义出行为的实体。

2. 技术行为的操作性定义

本书中的技术行为是为了考察高中通用技术教师在技术教学中,受其心理活动支配所产生的能为自己、学生、家长、同事、领导以及相关人等所感知的、外显的、与技术课程教学相关的言行举止。此处,我们将技术行为定义为:在学校背景下,高中通用技术教师的认知感受和信念、愉快或焦虑的情感和情绪,以及在准备技术课程、教授技术课程内容和与学生分享想法时的感知控制,如高中通用技术教师对高中阶段通用技术课程的重要性认识,教授通用技术课程的困难性感知,在技术教学中对待不同性别的表现的信念。技术行为具有一定的概括性,整合了行动、目标、情境、时间这四个中的多个元素,综合了技术态度的各个成分,力求呈现概括的技术行为模式,如"确保学生对技术学习的积极态度""帮助学生克服技术学习中遇到的困难""在技术教学中鼓励学生""寻求教学支持"和"在教学中放松"等。

第三节 理论模型建构

一、结构维度

(一)技术理解量表的结构维度

本书在综合各方理论思考的基础上,从作为人工物的技术、作为知识的技术、作为活动的技术、作为意志的技术、技术的历史、技术与科学的关系、技术与社会、技术的两面性这八个视角去全面地审视与理解技术的本质。因此,上述八个视角将作为高中通用技术教师对技术本质理解的结构维度。

由于技术理解量表的结构维度是建立在技术哲学、社会学、人类学、历史学、教育学理论演绎的基础上,只需通过验证性因素分析的模型拟合情况就可对量表的结构效度进行评估。因此,本书根据理论演绎编制相应题项,邀请该领域的专家对题项进行内容效度评估,结合验证性因素分析法验证该模型的理论假设与统计数据的相符程度,从而确定该量表的结构效度。

(二)技术态度量表的结构维度

国内外众多研究已在态度的结构维度上达成了基本共识,认为技术态度可从认知、情感和行为控制三个维度进行测试,但三个维度应包含哪些测量成分却仍存在争议。由于前人对教师专业态度的构成因素研究多建立在文献分析、定性研究的基础之上,态度的七因素未曾得到严谨的实证论证。此外,Vanaalderen-smeets 等(2012)、Suprapto 等(2017)分析了教师的科学态度,科学态度的七因素是否适用于技术学科有待进一步论证。本书依据前人的研究编制相应题项,邀请该领域的专家对题项进行内容效度评估,利用探索性因素分析法确定技术态度的潜在因素,并结合验证性因素分析法验证该模型的理论假设与统计数据的相符程度,从而确定该量表的结构效度。

(三)技术行为量表的结构维度

技术行为是对具体技术态度进行高度概括的外显表现,理性行为理论与组织行为理论中未对行为的结构维度做出明确的划分。因此,本书将技术行为视为技术态度的输出结果,将之视为单维度的概念。

本书依据行为的四元素(行动、行动的目标、执行行动的情境、行动所需要的时间)编制技术行为维度的相应题项,邀请该领域的专家对题项进行内容效度评估,利用探索性因素分析法确定技术行为的单维性,并结合验证性因素分析法验证该模型的理论假设与统计数据的相符程度,从而确定该量表的结构效度。

二、研究假设

正如 Furnham 等(2004)所说:"能力表明一个人做什么,但个性意味着一个人会做什么。"教师个体特征是塑造人格的重要因素,它们的差异突出了各阶段教育的动态过程,导致了静态的教育结果(Todd et al.,2009)。本书中的个人基本属性包括了性别、教龄、培训次数、专业和学校所在区域。它们作为定义教师群体特征的重要因素,是构成教师身份和形象特有的个人基本特征,也是人文社会学科领域长期讨论的话题之一,故而有必要探讨高中通用技术教师的个人基本属性与技术理解、技术态度、技术行为的关系。

(一)教师个人基本属性与技术理解的关系及研究假设

PATT 研究的目的是探究不同性别的学生所呈现出的技术理解与态度的差异,从而解决技术教育中两性平等问题。Bame 等(1993)在使用 PATT 量表对美国的学生调查中发现,男生比女生对技术更感兴趣;Burns(1992)在对新西兰的学生调查中发现,女生对技术本质的理解持有更多的疑问。Boser 等(1998)对男女学生的技术概念理解进行调查时发现,两性间不存在显著差异,这一结论在罗玲玲等(2009)的研究中也得到了证实。此外,Gök 等(2010)在对师范生的技术理解差异调查时发现,两性间不存在显著差异。据此,本书假设高中通用技术教师的技术理解在性别上存在显著差异。

Waight(2014)在对 30 位高中科学教师的技术理解调查中发现,教龄虽不影响教师对技术特征的刻画,10 年以上和 10 年以下教龄的教师都能以客观的视角去看待技术的利弊,但两类教师对技术的关注点却不相同。10 年以上教龄的教师多认为技术的本质是以过程为导向的且动态的,技术是作为实现某种目的的手段,但不是最终目的;10 年以下教龄的教师则着眼于新旧技术间的区别及技术与科学课程的关系。据此,本书假设高中通用技术教师的技术理解在教龄上存在显著差异。

Jarvis 等(1996b)在 1992—1994 年共对英国的 142 位初中教师调查后得出启示,在职培训有助于教师认同生活中的技术与国家技术课程标准间的联系,帮助他们拓宽对技术的理解。Mwalongo(2012)对坦桑尼亚的 74 位教师的信息通信技术观点进行调查时发现,教师的信息通信技术能力受到培训次数的影响:接受电脑培训次数越多、形式越丰富的教师,他们对信息通信技术工具的胜任力越强。据此,本书假设高中通用技术教师的技术理解在培训次数上存在显著差异。

Becker(1994)通过对 45 位教师使用计算机的情况展开调查后发现,63%计算机能力较为优秀的教师,其本科专业为数学、科学、社会科学和人文学科;而计算机使用能力较为一般的教师,其专业多为教育专业,可见教师的专业背景在一定程度上影响了他们的计算机使用能力。赵志纯等(2014)发现,不同学科背景的教师在课程改革认同上存在着显著差异,文科教师对课程成本、收益评估、课程实用性的认同明显高于理科教师。Liu等(1992)对英语专业、社会教育专业以及数学专业的学生调查后发现,数学专业学生的编程经验相较另外两个专业的学生更加丰富些。Kimball(1967)在对科学本质的理解调查时发现,哲学专业的本科生相比于科学专业的本科生,对科学本质的理解更为深入。据此,本书假设高中通用技术教师的技术理解在专业上存在显著差异。

李宁等(2013)对成都市区和周边乡镇的幼儿园教师的教育观念开展调查时发现,城区与乡镇教师的育儿观念存在显著差异。刘慧等(2017)对吉林省的40名中学英语教师开展调查时发现,城市教师在英语听说能力、经验性知识、教育情境知识、教学策略知识等方面均好于乡镇教师。钟炯(2019)在对城乡教师的整合技术的学科教学知识(TPACK)进行差异分析时发现,城市教师的整体TPACK水平高于农村教师,城市教师在学科教学法知识、整合技术的内容学科知识、整合技术的教学法知识这三个维度上的得分显著高于农村教师。据此,本书假设高中通用技术教师的技术理解在学校所在区域上存在显著差异。

综上所述,本书提出第一个假设(H1):高中通用技术教师的技术理解在性别、教龄、培训次数、专业、学校所在区域上存在显著差异。

(二)教师个人基本属性与技术态度的关系及研究假设

教师的性别差异在不同的学科教学中受到了广泛讨论。Ambusaidi等(2017)研究发现,阿曼苏丹国的女性科学教师比男性科学教师对科学教学持有更加积极的态度,尤其在管理实践科学维度上呈现出显著差异。Cebesoy等(2018)发现,女教师相比男教师更易接受遗传信息的使用。然而在某些学科上,如天文学教学(Ucar et al.,2011)、计算机教学(Teo,2008)、英语语法教学(Polat,2017)以及STEM课程(Thibaut et al.,2018),男、女教师的专业态度不会呈现显著差异。据此,本书假设高中通用技术教师的技术态度在性别上存在显著差异。

Polat(2017)指出,有8~15年教学经验的教师对语法教学的态度比有7年以下或15年以上工作经验的教师更为积极。其他研究则表示,教师教学态度与教学经验具有负相关,如Cebesoy等(2018)认为,有经验的教师对基因治疗技术持有更为消极的态度;Saborit等(2016)则发现,有教学经验的教师更不看好合作学习,有20年教学经验的老师对STEM课程教学持有更为消极的态度(Thibaut et al.,2018)。此外,Ren等(2018)发现,教师在数学课程中的专业态度与教龄呈现不相关性。据此,本书假设高中通用技术教师的技术态度在教龄上存在显著差异。

Hartell等(2015)调查了有过和没有过专业课程培训的教师后发现,前者相较于后者在教学中更易具有教学自信。Asma等(2011)发现,受过良好培训的教师相较于很少甚至没有受过培训的教师,对科学与技术课程的专业态度更为积极。Xu等(2020)发现,高中通用技术教师对技术课程的专业态度在培训次数上呈现显著差异,三年内开展课程培训次数在3次以上的高中通用技术教师在教授技术课程时愉悦感较高、自我效能感较强、外部资源依赖感较低、整体的技术态度较积极。据此,本书假设高中通用技术教师的技术态度在培训次数上存在显著差异。

Androulidakis(1991)在调查希腊教师的技术态度时,将教师的职前专业作为影响技术态度的一个因素,但在文中并未给出明确的结论。Xu等(2019)通过问卷,调查了高中通用技术教师的职前专业与目前所教技术课程的相关程度,选项分别为:完全不相关、不相关、有点相关、相关、完全相关。研究结果发现,职前所学专业影响了高中通用技术教师的技术态度,对技术课程重要性的认识、教学难度和焦虑感,职前所学专业与技术课程越相关,其技术态度越积极。据此,本书假设高中通用技术教师的技术态度在专业上存在显著差异。

学校所在区域(城市、乡镇、农村)通常被国际PISA研究认为是解释学生成绩差异的重要因素之一。Pruet等(2016)发现,城市和农村的初中学生虽都对使用平板电脑持有积极的态度,但农村的学生相比城市的学生,在使用平板时焦虑感更强些。Uitto等(2011)发现,芬兰农村地区的学生对环境问题的兴趣显著低于其他地区的学生(如大都市、一般城市以及人口密集地区)。林秀钦等(2009)在调查全国615名教师的信息技术使用态度时发现,不同学校区域(城市、县城、农村)的教师在对信息技术的价值认同、使用意愿上存在着显著差异。据此,本书假设高中通用技术教师的技术态度在学校所在区域上存在显著差异。

此外,个人基本属性对态度的影响已在众多领域受到了广泛关注。在市场营销领域中,消费者行为的个体差异已形成了系统化的理论;如个人网上银行消费行为与个人基本属性息息相关,年轻的、已婚的和男性群体更倾向于线上消费(Karjaluoto et al.,2002)。在营养学领域,Hearty等(2007)发现女性、年龄大的、社会阶层较高的、受过高等教育的、不吸烟的、体重较轻的以及有相应锻炼的群体对健康饮食行为持负面态度的比例较低。在对待残疾人的态度上,Strohmer等(1984)发现,人口统计学变量(性别、宗教信仰、受教育程度)并未对其造成显著差异。综合上述结论,本书提出第二个假设(H2):高中通用技术教师的技术态度在性别、教龄、培训次数、专业、学校所在区域上存在显著差异。

(三)教师个人基本属性与技术行为的关系及研究假设

贺慧丽(2017)对大学生的性别与日常生活中的拖延行为的关系进行调查时发现,拖延行为在性别上的差异不显著。王士红等(2012)对员工的性别与知识共享行为的关系进行调查时发现,知识共享行为在性别上不存在显著差异。司申丽(2013)

在研究青少年问题行为时发现,男生的攻击行为和违纪行为显著高于女生。据此,本书假设高中通用技术教师的技术行为在性别上存在显著差异。

王士红等(2012)对员工的工龄与知识共享行为的关系进行调查时发现,知识共享行为在性别上存在显著差异,5年工龄以下的员工不愿意和同事分享知识,10年以上工龄的员工则最愿意分享。李季等(2013)在对不同工龄的员工在谏言行为上的差异进行比较后发现,3年以下工龄的员工在谏言行为上的表现显著低于3~5年和10年以上工龄的员工。据此,本书假设高中通用技术教师的技术行为在教龄上存在显著差异。

葛继红等(2010)在对农户采用环境友好型技术行为研究中发现,农户参加的培训次数越多,则越倾向于配方施肥技术。据此,本书假设高中通用技术教师的技术行为在培训次数上存在显著差异。

贺慧丽(2017)对大学生的专业(文、理)与日常生活中的拖延行为相关关系进行调查时发现,拖延行为在专业上的差异不显著。刘业政等(2007)在分析不同职位的员工在离职行为上的表现时,管理人员相较于技术人员和一线员工,离职倾向更高。据此,本书假设高中通用技术教师的技术行为在专业上存在显著差异。

张华(2012)在对学校因素与中学生受欺负行为影响关系中发现,乡镇学校相比城市的学校,更易发生学生受欺负行为。陈秀丽等(2015)对不同性质学校(民办、公派)的小学生零食行为开展调查时发现,学校性质虽不同,但小学生的不良零食消费行为皆存在,并无显著差异。据此,本书假设高中通用技术教师的技术行为在学校所在区域上存在显著差异。

综上所述,问题行为、离职行为、谏言行为、知识共享行为、吸烟行为、拖延行为在个人基本属性上皆存在显著差异,本书提出第三个假设(H3):高中通用技术教师的技术行为在性别、教龄、培训次数、专业、学校所在区域上存在显著差异。

(四)技术理解、技术态度与技术行为的关系及研究假设

厘清本书中技术理解、技术态度与技术行为三个变量间的关系,有助于更有针对性地推进高中通用技术教师的专业发展与队伍建设。有研究表明,学生对技术概念的理解与其技术态度呈显著正相关,Ankiewicz(2019a)认为对技术概念的理解会直接影响技术情感,技术行为则是技术认知与技术情感两者相互作用的结果。技术理解与技术行为作为一种"知—行"关系,存在因果关系与先后逻辑顺序;而技术态度与技术行为作为一种特殊的态度与行为,只要满足对等性原则与累积性原则,在理论层面上是相关的且存在单向因果关系的。据此,本研究提出第四个假设(H4),包括4点。

H4a:高中通用技术教师的技术理解与其技术态度存在显著正相关,如图1-3所示。

```
┌─────────────────────────┐           ┌─────────────────────────┐
│   技术教师的技术理解      │ ────────→ │   技术教师的技术态度      │
└─────────────────────────┘           └─────────────────────────┘
```

图 1-3　高中通用技术教师的技术理解对技术态度的相关假设

H4b：高中通用技术教师的技术态度与其技术行为存在显著正相关，如图 1-4 所示。

```
┌─────────────────────────┐           ┌─────────────────────────┐
│   技术教师的技术态度      │ ────────→ │   技术教师的技术行为      │
└─────────────────────────┘           └─────────────────────────┘
```

图 1-4　高中通用技术教师的技术态度对技术行为的相关假设

H4c：高中通用技术教师的技术理解与其技术行为存在显著正相关，如图 1-5 所示。

```
┌─────────────────────────┐           ┌─────────────────────────┐
│   技术教师的技术理解      │ ────────→ │   技术教师的技术行为      │
└─────────────────────────┘           └─────────────────────────┘
```

图 1-5　高中通用技术教师的技术理解对技术行为的相关假设

H4d：高中通用技术教师的技术态度与技术理解与技术行为之间具有部分中介作用，如图 1-6 所示。

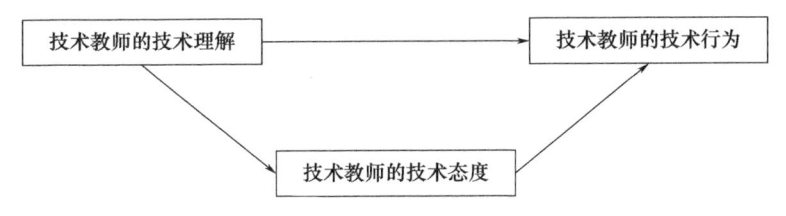

图 1-6　高中通用技术教师的技术态度部分中介作用假设

根据理论演绎与实证研究所得，我们提出高中通用技术教师的技术理解、技术态度与技术行为的关系模型图，如图 1-7 所示。

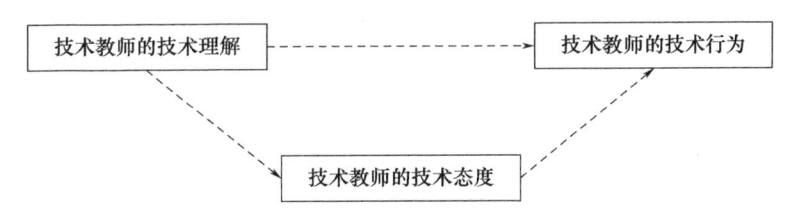

图 1-7　高中通用技术教师的技术理解、技术态度与技术行为的关系模型

三、模型框架

根据上述分析，本研究拟定了整体的模型框架，如图 1-8 所示。

```
        ┌─────────────────┐
        │ 高中通用技术教师的 │
        │   个人基本属性   │
        ├─────────────────┤
        │      性别       │
        │      教龄       │
        │    培训次数     │
        │    职前专业     │
        │    学校区域     │
        └─────────────────┘
```

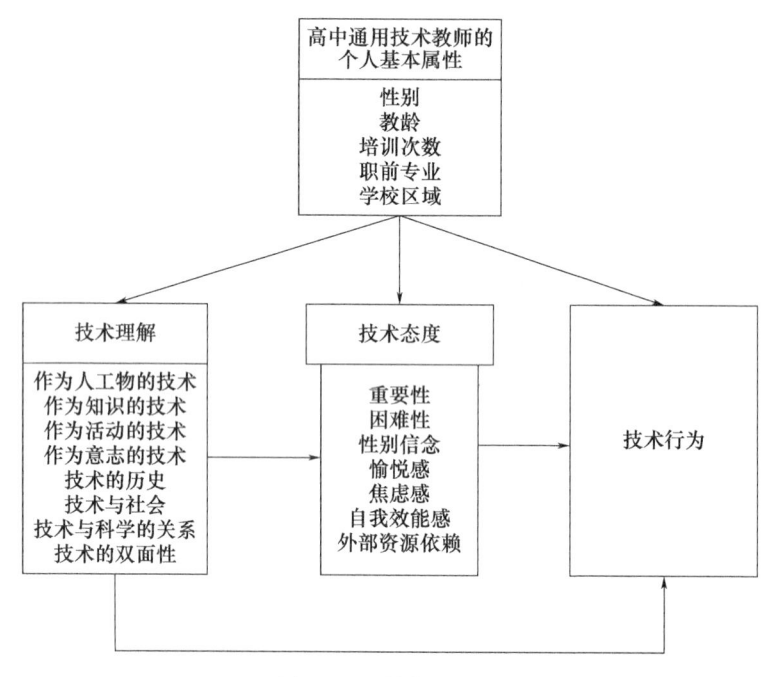

┌──────────────┐ ┌──────────────┐ ┌──────────┐
│   技术理解   │ │   技术态度   │ │   │
├──────────────┤ ├──────────────┤ │   │
│作为人工物的技术│ │   重要性   │ │   │
│ 作为知识的技术 │ │   困难性   │ │ 技术行为 │
│ 作为活动的技术 │ │ 性别信念   │ │   │
│ 作为意志的技术 │ │   愉悦感   │ │   │
│ 技术的历史   │ │   焦虑感   │ │   │
│ 技术与社会   │ │ 自我效能感 │ │   │
│技术与科学的关系│ │ 外部资源依赖 │ │   │
│ 技术的双面性 │ │   │ │   │
└──────────────┘ └──────────────┘ └──────────┘

图 1-8　整体模型框架

第四节　测评量表开发

一、遵循原则

(一)量表的设计与流程

设计一份好的量表关系着调研数据与结果的可靠性与有效性。李克特量表作为对个人态度、信仰和观点的一种有序的心理测量,被调查者可以选择某个选项以表达自己某种程度的同意或不同意。李克特量表的优点主要表现在:作为最普遍的问卷收集方式,它很容易被调查者理解与接受,其选项在量表分析时易被量化统计(Likert,1932)。回答李克特量表时,不强迫参与者在某一话题上表达特定的立场,只要在一定程度上做出选择,这让参与者更容易回答问题。因此,本书选择李克特量表来调查高中通用技术教师对技术本质的理解,对技术态度与技术行为的同意程度。量表设计原则与流程如下所示。

1. 题项开发的依据

在开发相应题项前,首先应充分和全面阅读国内外相关文献及理论,在前人研究的基础上提出研究框架与假设,使构念或变量间的假设关系更加有据可循。此外,根据统计学要求,每个构念(如困难性)至少由三个测试题项构成。因此,在设计量表时,尽可能在每个构念下设计三个以上题项,以便后续修正。

2. 题项陈述的标准

Edwards(1957)指出,态度量表中题项的陈述需控制在20字以内,被调查者更倾向于作答表述更为言简意赅的题项;其次,题项的表达应该使用过去时去表达某种观点;再者,"仅仅""只有""总是"等绝对化的词语应尽可能地避免;最后,双重表述如"我喜欢教技术课程且欢迎学生请教问题"必须被杜绝。

Shrigley(1983)建议,态度概念的量表陈述可以是以自我为中心式、以社会为中心的,或以行动为中心的。以自我为中心式的陈述中突出了"我",如"我喜欢与学生讨论技术问题";以社会为中心式的陈述突出了社会中人与事的期待,如"在中小学阶段开设技术课是必要的";以行动为中心式的陈述表达了某种教学行为,如"如遇经费不足,我会向校领导寻求支持"。需指出的是,以社会为中心式和行为为中心式的陈述在进行因素分析时不容易聚类(Hassan et al.,1984)。因此,这两种表述在组成态度量表时应受到更为严格的审查。

(二)量表选项的设计

五等或七等李克特量表的中间选项不同于在概念意义上"同意"和"不同意"的中间选项,他表达的更多的是回答者的不确定或不理解,或是对该题项没有看法。多数答题者在不想回答该问题时,多会选择中间选项。六等李克特量表不包含这个中立选择,所有选项都是带有态度倾向性的,如"强烈不同意,不同意,轻微不同意,轻微同意,同意,强烈同意",这便于对不利的和有利的两类情况进行分组(Christina,2018)。因此,本书采用六等李克特量表。

(三)量表效度的保证

效度是指测验或量表所能正确测量的特质程度。效度的分类包括内容效度、效标关联效度、建构效度、专家效度,其中,内容效度和建构效度是保证量表效度的两种方法。内容效度是指量表内容或题目的适切性代表性,常通过双向细表对题目分布的合理性做出判断。使用者根据理论假设编制量表后,可请本领域专家对题项的可读性、清晰度、与所在维度的一致性加以检视并提供修正意见。量表编制者根据专家意见来修正题项,并将修正稿反馈于专家直至所有题项都符合专家们的要求为止。

建构效度是指能够测量出理论的特质或概念的程度。要测量某一量表是否具有良好的建构效度,首先以理论逻辑分析为基础,根据实际所得资料来检验理论的正确性。因素分析作为检验建构效度的一种方法,探索性因素分析无须过于严密的理论论证,验证性因素分析则必须建立在严密的文献探讨与前人研究结果之上。

(四)问卷内容的编排

本书中的每份问卷包括四个子量表:个人基本属性、技术理解、技术态度、技术行为。除个人基本属性量表会单独列出，其余量表的题项将全部打乱排列，避免答题者在作答过程中揣摩问卷制定者的意图，故意做出满意的回答。

二、题项的开发与生成

量表框架和题项的主要来源包含以下三种途径：其一，国内外经典文献的梳理；其二，其他研究者量表的语境改编或回译；其三，理论分析与演绎。

个人基本属性主要涉及五个变量（性别、教龄、教师每年的培训次数、职前所学专业、学校所在区域划分），在数据录入时用"Q＋序号"表示，属于名义变量或有序变量。

技术理解将从八个维度来检验高中通用技术教师对技术本质的理解：作为人工物的技术、作为知识的技术、作为活动的技术、作为意志的技术、技术的历史、技术与社会、技术与科学的关系、技术的两面性。每个维度包括3～5个测试题项，在数据录入时用"A＋序号"表示，属于连续变量。

技术态度将从七个维度来测量高中通用技术教师对技术教学的认知、情感与行为控制程度：重要性、困难性、性别信念、愉悦感、焦虑感、自我效能感、外部资源依赖。每个维度包括3～5个测试题项，在数据录入时用"B＋序号"表示，属于连续变量。

技术行为是一个不可分割的独立维度，该维度包括6个测试题项，在数据录入时用"C＋序号"表示，属于连续变量。

本书中的题项来源主要参考表1-1所示文献。

表1-1 各量表的题项来源

量表名称	命名规则	参考来源
个人基本属性	Q＋序号	自拟
技术理解	A＋序号	自拟
		Griffiths et al.,1996
		Constantinou et al.,2010
		Digironimo,2011
		Liou,2015
技术态度	B＋序号	Nordlöf,2017b
		Vanaalderen-smeets et al.,2012
		Xu et al.,2020
技术行为	C＋序号	Ajzen,2002

三、量表前测

本书仅对高中通用技术教师的技术态度量表进行前测。技术态度量表的编写不像技术理解量表那样具有扎实的理论基础,可从技术哲学、技术社会学、技术历史学、教育学等文献中开展"向真"演绎,又无国内外相关主题的文献可供参考。倘若将技术态度量表的题项与维度确定下来,那技术行为只需遵循态度与行为间的关系进行编制即可。

(一)数据来源

笔者于 2018 年 10 月通过网络链接的形式,对 140 位高中通用技术教师开展了前测。选择一个有 350 名全国高中通用技术教师的 QQ 群进行电子问卷的随机发放,两天内共回收有效问卷 140 份。本次前测遵守自愿原则,作答的过程中学习者可以随时退出。技术态度量表共有 28 题,其中 5 道题用于调查高中通用技术教师的个人基本属性,23 道题用于调查技术态度,具体内容如本书附录 1 所示。填写时间 2.6~29 分钟,平均用时 7 分钟。

(二)样本分析

前测样本的个人基本属性如表 1-2 所示,男性 95 人,女性 45 人;有学士学位的共 121 人,硕士学位共 19 人;三年来所参加过与通用技术课程内容相关的培训次数为无的有 7 人,1~2 次的为 60 人,3~4 次的有 41 人,5~6 次的有 9 人,多于 6 次的有 23 人;教龄少于 1 年的有 7 人,1~5 年的有 45 人,6~10 年的有 53 人,11~15 年的有 35 人;认为自己的职前专业与高中通用技术课程完全不相关的有 26 人,不相关的有 34 人,略微相关的有 35 人,相关的有 41 人,完全相关的有 4 人。

表 1-2 前测样本的个人基本属性

类别	选项	数量(百分比/%)
性别	男	95(67.9%)
	女	45(32.1%)
学位	学士	121(86.4%)
	硕士	19(13.6%)
三年以来参加培训次数	0 次	7(5.0%)
	1~2 次	60(42.9%)
	3~4 次	41(29.3%)
	5~6 次	9(6.4%)
	6 次以上	23(16.4%)

续表

类别	选项	数量(百分比/%)
教龄	少于1年	7(5%)
	1～5年	45(32.1%)
	6～10年	53(37.9%)
	11～15年	35(25%)
职前专业的相关度	完全不相关	26(18.6%)
	不相关	34(24.3%)
	略微相关	35(25.0%)
	相关	41(29.3%)
	完全相关	4(2.8%)

(三)信度检验

信度是指测验或量表所测得结果的稳定性及一致性(吴明隆,2010)。Cronbach's alpha系数是内部一致性信度系数,用于李克特量表中,α系数代表量表的内部一致性信度,α系数越高,代表量表的内部一致性越佳。在社会科学领域中,整体量表的α系数大于0.60则被认为量表可以接受,但最好增加题项或修改语句;分层面量表的内部一致性信度最好高于0.60。

前测结果如表1-3所示,技术态度量表的整体信度为0.66,每个因子的信度均高于0.60,说明该量表是可靠的且可以接受的,但最好增加题项或修改语句。

(四)效度检验

本书采用探索性因素分析的方法来求得技术态度量表的建构效度,抽取共同因素的方法为主成分分析法。Costello等(2005)认为,探索性因素分析中的斜交旋转法与正交旋转法的区别在于各因素之间的相关性;各因素间不相关,使用两种方法产生相似的结果,否则,正交旋转法将失去许多有价值的信息。"态度"作为一个复杂的潜在变量,包含许多不同的相关因素,使用直接斜交法提供了一个可重复的解决方案。本书中,技术态度的各因素间相关,故采用直接斜交法作为因素转轴方法。前测结果显示,Kaiser-Meyer-Olkin(KMO)值为0.757,KMO值越接近1时,表示变量间的共同因素越多,越适合因素分析。此外,Bartlett's球形检验的χ^2值为1368.74,达到0.05显著水平,拒绝虚无假设,说明总体的相关矩阵有共同因素存在,适合进行因素分析。

第一章 技术理解、技术态度与技术行为的内涵

表 1-3 技术态度量表的前测信度

因子	内部一致性系数
因子1:重要性	0.74
因子2:困难性	0.83
因子3:性别信念	0.80
因子4:愉悦感	0.63
因子5:焦虑感	0.76
因子6:自我效能感	0.75
因子7:外部资源依赖	0.84
整体量表	0.66

从转轴后的成分矩阵来看,自我效能感因子包含 Q19、Q17、Q18、Q20 四题,困难性因子包含 Q6、Q7、Q5 三题,性别信念因子包含 Q10、Q9、Q8 三题,外部资源依赖因子包含 Q22、Q21、Q23 三题,重要性因子包含 Q1、Q2、Q4、Q3 四题,愉悦感因子包含 Q13、Q12、Q11 三题,焦虑感因子 Q16、Q14、Q15 三题。上述七个因子提取的共同因素与使用者编制的最初构念及题项符合,说明前测量表具有良好的建构效度,如表 1-4 所示。

表 1-4 技术态度(前测)旋转后的成分矩阵

因子	题项	成分						
		因子1	因子2	因子3	因子4	因子5	因子6	因子7
自我效能感	Q19	0.800						
	Q17	0.759						
	Q18	0.699						
	Q20	0.686						
困难性	Q6		0.914					
	Q7		0.904					
	Q5		0.679					
性别信念	Q10			−0.881				
	Q9			−0.869				
	Q8			−0.752				

续表

因子	题项	成分						
		因子1	因子2	因子3	因子4	因子5	因子6	因子7
外部资源依赖	Q22				0.933			
	Q21				0.927			
	Q23				0.694			
重要性	Q1					−0.771		
	Q2					−0.755		
	Q4					−0.729		
	Q3					−0.720		
愉悦感	Q13						−0.832	
	Q12						−0.608	
	Q11						−0.598	
焦虑感	Q16							−0.866
	Q14							−0.790
	Q15							−0.749

综上所述,技术态度量表具有良好的信度与效度,但在投放于正式测试时,某些题项仍需进一步增加或删除。因此,本书在正式发放问卷前,先交于8位海内外本领域的评审专家进行内容评阅,以保证量表的信效度。

四、量表验证

(一)数据来源

正式问卷发放于2019年4月开始,6月结束,为期3个月。采用分层随机抽样的方法,除港、澳、台以外,根据每个地理地区(华北地区、华东地区、东北地区、华中地区、华南地区、西北地区、西南地区)高中通用技术教师队伍的发展情况与易调查性(即是否熟悉某个省(区、市)的高中通用技术课程教研员,某省(区、市)高中通用技术教师的积极性与热情度),确定了每个行政地区中抽样的省(区、市)。如华北地区主要选择了天津市、河北省和山西省,华东地区主要选浙江省、江西省和福建省,东北地区主要选择黑龙江省、吉林省、辽宁省和内蒙古自治区,华中地区主要选择湖南省和湖北省,华南地区主要选择广东省、广西壮族自治区和海南省,西北地区主要选择陕西省和甘肃省,西南地区选择重庆市、四川省和贵州省。根据样本选取的可行性与易行性确定相应省份、直辖市或自治区后,选择其下属的省会城市(经济繁荣的市辖区)和国内生产总值(GDP)排名靠后的城市(经济状况较落后的市辖区)开展正式问卷的投放。本书使用网络链接的形式发放问卷。为保证网络投放问卷的可控性,研究者先征得各省(区、市)高中通用技术教研员的同意,请他们在各省(区、市)的高中通用技术教师群中发放此问卷,此举有力保证了问卷的回收率。

在开展正式调查前,笔者会与各省(区、市)教研员、高中通用技术教师阐明自愿原则,解释清楚本书的目的、用途、填写注意事项等,确保他们对本研究有大致的了解。

(二)数据分析

1. 问卷介绍

在原有的问卷基础上,正式投放的问卷增删了一定的题项。总问卷包含4份量表:个人基本属性量表(共5题)、技术理解量表(共25题)、技术态度量表(共26题)、技术行为量表(共6题),共62题。后3份量表都采用李克特六等选项,选项依次为"非常不同意""不同意""略不同意""略同意""同意""非常同意",在数据处理中依次赋值为1~6。个人基本属性量表中的"个人专业"为填空题,其余均为选择题。正式问卷的具体内容如本书附录2所示。

2. 样本分析

共回收正式问卷977份。根据以下四条标准剔除了无效问卷:一是作答时间少于380秒或多于5000秒的草率或不及时问卷,二是作答中多个反向题存在相互矛盾的问卷,三是题项缺失较多的问卷,四是回答倾向于某几个选项的问卷。剔除无效问卷后,有效问卷共835份,有效率约为85.47%。

由于"个人专业"是以填空题的形式填写,填写名称各异,故笔者根据《普通高等学校本科专业目录(2012年)》对所填写的专业进行分类。在专业重新分类中,若某个专业名称出现次数较多,则用二级学科命名,如教育技术学、教育技术、教技、信息化教育等重新编码为教育技术学;若某个专业出现次数较少,则用一级学科来命名以便后续做差异性分析,如仅有3位高中通用技术教师填写职业技术教育,2位填写科学教育,1位填写课程论,则将这些专业统一归纳至教育学这一级学科中;若某个专业分类只出现1次,属于问卷填写中的小众专业,如矿业专业仅出现1次,则直接将之归纳至学科类别工学中;若某些专业出现次数少于10次且学科门类较杂,则将其归纳至其他类别中。其他类别中包括了:管理学(4次)、经济学(2次)、理学(3次)、历史学(10次)、农学(5次)、艺术学(5次),如此才便于后续的差异性分析。各专业分布如图1-9所示,高中通用技术教师样本的个人基本属性(除专业分类外)如表1-5所示。

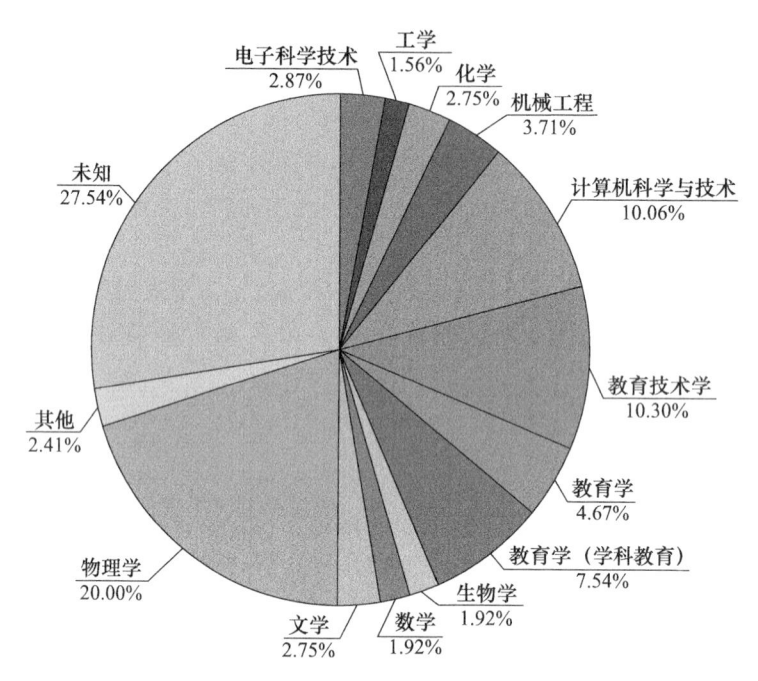

图 1-9　高中通用技术教师样本的专业分布

表 1-5　高中通用技术教师样本个人基本属性

类别	选项	人数（占比）
性别	女	307(36.8%)
	男	528(63.2%)
教龄	不足1年	25(3.0%)
	1～5年	109(13.1%)
	6～10年	142(17.0%)
	11～15年	143(17.1%)
	15年以上	416(49.8%)
培训次数	无	143(17.1%)
	1～3次	491(58.8%)
	4～6次	99(11.9%)
	6次以上	102(12.2%)
学校区域	市区	413(49.4%)
	县城	307(36.8%)
	乡镇	115(13.8%)

3. 填写概况

教师在填写问卷过程中可随时退出。填写时长约 6.35～82.18 分钟,平均用时 14.38 分钟。

(三)信度检验

本书用 Cronbach's alpha 系数计算量表的内部一致性信度。技术理解量表有 25 题,信度为 0.879;技术态度量表有 26 题,信度为 0.732;技术行为量表有 6 题,信度为 0.704;3 份量表的信度皆高于 0.6,表明 3 份量表的信度佳,测量结果具有较好的稳定性与一致性。

五、效度检验

(一)内容效度

评审专家小组是由 8 位来自海内外的专家与一线教师组成,专业领域涉及设计与技术教育、教育测量与评估、高中通用技术教学、技术哲学等。其中,两位专家为中国高中通用技术课程标准组成员,他们非常熟悉高中通用技术课程的内容、标准以及高中通用技术教师的教学现状,在本领域中有着较高的学术威望和丰富的实践经验。其他 4 位海外专家来自新西兰与澳大利亚,他们是澳大利亚设计与技术课程的一线教师、本书领域权威期刊的编委及教授(2 位)、主攻技术哲学与技术教育方向的青年学者。这 4 位外籍专家对国际技术教育领域的最新研究动态、技术教学方法、技术教育理论有着深刻的见地。另两位专家是来自中国台湾的教授,其中 1 位作为教育测量与评估的资深专家,在 SSCI 期刊上发表了多篇论文,有着丰富的量表开发经验与极高的学术造诣;另 1 位教授则在 SSCI 期刊上发表过"学生对技术本质理解"的论文,与本书的主题有着相似之处。因此,由上述 8 位专家组成评审小组是合理与可行的。

内容效度的评测采用德尔菲法,具体如下:笔者通过邮件向 8 位评审专家告知本书的目的、对象、内容、测量手段、理论基础以及内容评审机制,要求 8 位专家在 10 天内返回如表 1-6 所示的评分表,分别对题项内容的可读性、题项与所在维度的一致性进行独立打分,分数 1～4 分,分数越高,则对题项的认同度越高;其中,这 8 位专家在进行评测时并不知晓对方参与其中,更不可能相互交流。笔者在收到 8 位专家反馈后,修改存在异议的题项,发送给 8 位专家再次审阅。循环上述过程直至 8 位皆认同此份问卷为止,即条目水平指数(item-level CVI,简称 I-CVI)不低于 0.78,量表水平指数(scale-level CVI,简称 S-CVI)不低于 0.90,最终问卷在经历四轮修正后才得以成形。I-CVI 指数与 S-CVI 指数计算方法如下:将评分为 3 或 4 分的人数除以专家评审组总人数即可求出每道题目的 I-CVI 指数,将量表中每道题的 I-CVI 指数求取平均值即可得到每份量表的 S-CVI 指数。

表1-6　专家内容效度评审样例

维度	题项	可读性 1~4	一致性 1~4
作为人工物的技术	手机、电脑、教材、锤子、互联网都可被称为技术		
	经人类改良过的自然物可被称为技术		
	园艺可被认为是一种技术		
技术的历史	人类的文明史是技术的演变史		
	技术始终存在于人类发展过程中		
	技术对社会有着深远影响		

(二)建构效度

本书采用AMOS21.0对技术理解、技术态度与技术行为3份量表进行结构方程模型拟合,采用极大似然法抽取样本的因素负荷量。如表1-7所示,各项拟合指数均达到适配标准,与实际观察数据的适配情况良好;通过验证性因素分析发现,技术理解、技术态度、技术行为量表中标准化后的各因子负荷系数均大于0.4,每个题项能测量到的共同因素特质皆在16%以上(吴明隆,2010),这说明3份量表均具备良好的建构效度。

表1-7　技术理解、技术态度与技术行为量表的验证性因素分析模型拟合指数

模型	CMIN/DF	RMR	SRMR	RMSEA	GFI	AGFI	NFI	IFI	CFI
适配标准	<3	<0.05	<0.05	<0.08	>0.9	>0.9	>0.9	>0.9	>0.9
技术理解	1.212	0.022	0.025	0.016	0.978	0.963	0.967	0.994	0.994
技术态度	1.832	0.049	0.037	0.032	0.957	0.944	0.941	0.972	0.972
技术行为	1.013	0.012	0.012	0.004	0.998	0.992	0.994	1	1

注:CMIN/DF表示卡方/自由度,RMR表示均方根残差,SRMR表示标准化根均方残差,RMSEA表示近似误差均方根,GFI表示拟合优度指数,AGFI表示调整后的拟合优度指数,NFI表示规范拟合指数,IFI表示增值拟合指数,CFI表示比较拟合指数。

整体而言,笔者通过严密的理论论证与文献支持、科学的量表开发与设计流程、规范的前测与信效度检验、严谨的专家内容效度论证、严格的正式量表信效度检验,开发并验证了适用于我国高中通用技术教师的技术理解、技术态度与技术行为量表,可用于下一步的数据分析和结论提炼。

第二章 技术理解、技术态度与技术行为的现状调查

深入开展调查研究,是加快教育现代化、助推教育高质量发展、建设教育强国的必然要求。本书在构建技术理解、技术态度与技术行为理论框架的基础上,运用科学开发和严密验证的3份量表对我国835位高中通用技术教师开展调查,揭示了他们在技术理解、技术态度与技术行为的整体现状与个体差异。调查结果显示:在技术理解上,高中通用技术教师基本能从历史的、社会的、伦理的视角全面看待技术的存在意义,但对四种技术类型的划分认可度低,仍需进一步厘清技术与科学的关系;在技术态度上,高中通用技术教师能充分认识到课程的重要性,有信心完成教学任务并乐于教学,但深感通用技术教学存在一定的困难,缺乏来自学校和领导的支持并持有性别刻板印象;技术行为与技术态度呈现了高度相关性和一致性。此外,高中通用技术教师的技术理解、技术态度与技术行为在性别、教龄、培训次数、专业和学校所在区域等因素上呈现出不同程度的个体差异。

第一节 技术理解现状及个体差异研究

一、高中通用技术教师技术理解的整体概况

从各题项选择六个选项即"非常不同意、不同意、略不同意、略同意、同意、非常同意"的频次得知:一是高中通用技术教师对技术人工物的分类、特征属性、概念定义以及外在表现形式的认识仍不够深刻,对技术作为明言知识和默会知识这两种类型尚未理解或不熟悉,对作为知识的技术表现形式与过程尚不认可;二是高中通用技术教师在技术对人类与世界的解释关系、技术与科学在实施过程中的差异、技术对人类文明发展的作用上仍存在一定的疑惑,需进一步加深高中通用技术教师在此方面的理解;三是高中通用技术教师对技术作为活动的外在表现形式与设计过程、人技关系、技术在人类历史中扮演的角色、技术在社会上的作用、技术的安全性问题上均有明确且正向的答案。

高中通用技术教师在技术理解各维度上的得分如表2-1所示。高中通用技术教师在作为人工物的技术、作为知识的技术上的平均得分分别为4.54、4.87,标准差为2.94、2.31,可见对技术作为人工物与知识的两种形式尚未有清晰的认识,且存在一

定的分歧;相对于其他四个维度,高中通用技术教师对米切姆(2008)的技术类型划分认可度较低,可见高中通用技术教师对技术本身的表现形式、内在属性考虑得较少,多将目光投向技术与外部世界的关系中。高中通用技术教师在技术的历史、技术与社会这两个维度上的平均得分较高,分别为5.33和5.31,标准差分别为2.08和1.53,可见多数高中通用技术教师能以历史的眼光去看待技术与人类、社会的关系,对技术与社会有着较为全面和通透的解读,观点较为一致。

综上所述,高中通用技术教师的技术哲学素养有待加强,应从研究对象、实现过程、成果转化等视角去全面思考技术与科学的关系与区别,并将技术置于宏观的社会背景中去挖掘其功能与价值,以更加长远的眼光去审视技术。

表2-1 技术理解中各维度得分的描述性统计分析

维度	包含题项	均值	均值/题项数	标准差
作为人工物的技术	A1—A3	13.61	4.54	2.94
作为知识的技术	A4—A6	14.60	4.87	2.31
作为活动的技术	A7—A9	15.41	5.14	1.75
作为意志的技术	A10—A12	15.36	5.12	1.88
技术的历史	A13—A16	21.31	5.33	2.08
技术与社会	A17—A19	15.94	5.31	1.53
技术与科学的关系	A20—A22	15.57	5.19	1.68
技术的两面性	A23—A25	15.85	5.28	1.53

注:A1—A25题项详见本书附录2。

二、高中通用技术教师技术理解的个体差异

采用独立样本 T 检验和单因素方差检验发现,高中通用技术教师的个体特征对技术态度及部分维度存在显著影响。

(一)技术理解在性别上的差异

采用独立样本 T 检验对技术理解的性别差异展开分析,如表2-2所示。结果表明,女性高中通用技术教师在以下八个维度的平均得分皆低于男性高中通用技术教师,尤其在作为知识的技术、作为活动的技术、技术的历史、技术与社会、技术与科学的关系这五个维度上存在显著差异($p<0.05$)。

总体而言,男性高中通用技术教师在技术理解八个维度上的平均得分(128.83)显著高于女性高中通用技术教师的平均得分(125.65)。

表 2-2 技术理解在性别上的差异分析

维度	M/SD(女)	M/SD(男)	T值	p值
作为人工物的技术	13.39/2.86	13.74/2.99	−1.66	0.10
作为知识的技术	14.06/2.41	14.91/2.20	−5.12	0.00
作为活动的技术	15.10/1.87	15.59/1.66	−3.90	0.00
作为意志的技术	15.22/1.84	15.44/1.90	−1.58	0.11
技术的历史	21.01/2.11	21.49/2.05	−3.15	0.00
技术与社会	15.65/1.55	16.11/1.50	−4.36	0.00
技术与科学的关系	15.36/1.57	15.69/1.73	−2.80	0.00
技术的两面性	15.84/1.48	15.85/1.56	−0.04	0.97
总体	125.65/11.20	128.83/11.01	−3.996	0.00

注：M 代表平均值，SD 代表标准差，下同。

(二)技术理解在教龄上的差异

采用单因素方差检验对技术理解的教龄差异展开分析，如表 2-3 所示。结果表明，高中通用技术教师的教龄与其整体的技术理解不存在显著差异，但在作为活动的技术和作为意志的技术维度上存在显著的教龄差异（$p<0.05$）。

表 2-3 教龄与技术理解的单因素方差分析

维度	变异来源	平方和	自由度	均方	F值	p值
作为人工物的技术	组间	0.780	4	0.190	0.02	0.99
	组内	7214.150	830	8.692		
	总数	7214.940	834	—		
作为知识的技术	组间	17.440	4	4.360	0.81	0.52
	组内	4438.950	830	5.340		
	总数	4456.400	834	—		
作为活动的技术	组间	35.000	4	8.750	2.88	0.02
	组内	2521.090	830	3.030		
	总数	2556.100	834	—		
作为意志的技术	组间	39.720	4	9.930	2.83	0.02
	组内	2909.320	830	3.500		
	总数	2949.040	834	—		

续表

维度	变异来源	平方和	自由度	均方	F值	p值
技术的历史	组间	34.560	4	8.640	2.01	0.09
	组内	3573.590	830	4.300		
	总数	3608.160	834	—		
技术与社会	组间	12.050	4	3.010	1.28	0.28
	组内	1947.415	830	2.340		
	总数	1959.466	834	—		
技术与科学的关系	组间	8.461	4	2.110	0.75	0.56
	组内	2344.330	830	2.820		
	总数	2352.790	834	—		
技术的两面性	组间	13.682	4	3.420	1.46	0.21
	组内	1940.697	830	2.330		
	总数	1954.378	834	—		
总体	组间	764.210	4	191.050	1.53	0.19
	组内	103457.830	830	124.640		
	总数	104222.041	834	0.190		

为进一步阐释教龄在上述两个维度的差异,采用最小显著差异法(Least Significant Difference,简称LSD)进行平均数差异检验,具体如表2-4所示。多重比较的结果显示:①教龄不足1年的高中通用技术教师在作为活动的技术维度上的得分显著低于教龄为1~5年、6~10年、11~15年、15年以上高中通用技术教师的得分;教龄为1~5年的高中通用技术教师在作为活动的技术维度上的得分显著高于教龄为11~15年高中通用技术教师的得分。②教龄不足1年的高中通用技术教师在作为意志的技术维度上的得分显著低于教龄为1~5年、6~10年、11~15年、15年以上高中通用技术教师的得分,教龄位于1~5年的高中通用技术教师在作为意志的技术维度上的得分显著高于教龄为15年以上高中通用技术教师的得分。

表2-4 技术理解在教龄上的差异分析

维度	教龄(I)	教龄(J)	均值差(I−J)	标准误
作为活动的技术	不足1年	1~5年	−1.20**	0.38
		6~10年	−1.01**	0.37
		11~15年	−0.76*	0.37
		15年以上	−0.94***	0.35

第二章 技术理解、技术态度与技术行为的现状调查

续表

维度	教龄(I)	教龄(J)	均值差(I-J)	标准误
作为活动的技术	1~5年	不足1年	1.20**	0.38
		6~10年	0.19	0.22
		11~15年	0.44*	0.22
		15年以上	0.26	0.18
	6~10年	不足1年	1.01**	0.37
		1~5年	-0.19	0.22
		11~15年	0.24	0.20
		15年以上	0.06	0.16
	11~15年	不足1年	0.76*	0.37
		1~5年	-0.44*	0.22
		6~10年	-0.24	0.20
		15年以上	-0.17	0.16
	15年以上	不足1年	0.94***	0.35
		1~5年	-0.26	0.18
		6~10年	-0.06	0.16
		11~15年	0.17	0.16
作为意志的技术	不足1年	1~5年	-1.23*	0.41
		6~10年	-0.94*	0.40
		11~15年	-0.99*	0.40
		15年以上	-0.78*	0.38
	1~5年	不足1年	1.23*	0.41
		6~10年	0.28	0.23
		11~15年	0.24	0.23
		15年以上	0.45*	0.20
	6~10年	不足1年	0.94*	0.40
		1~5年	-0.28	0.23
		11~15年	-0.04	0.22
		15年以上	0.16	0.18
	11~15年	不足1年	0.99*	0.40
		1~5年	-0.24	0.23

续表

维度	教龄（I）	教龄（J）	均值差（I－J）	标准误
作为意志的技术	11～15 年	6～10 年	0.04	0.22
		15 年以上	0.21	0.18
	15 年以上	不足 1 年	0.78*	0.38
		1～5 年	－0.45*	0.20
		6～10 年	－0.16	0.18
		11～15 年	－0.21	0.18

注：* 表示通过 0.05 信度检验，** 表示通过 0.01 信度检验，*** 表示通过 0.001 信度检验。

总体而言，高中通用技术教师的教龄在整体技术理解上不呈现显著差异，但在作为活动的技术、作为意志的技术维度上，呈现出教龄不足 1 年的高中通用技术教师与其他教师的显著差异，教龄为 1～5 年的高中通用技术教师得分高于其他教龄段的高中通用技术教师得分。

（三）技术理解在培训次数上的差异

采用单因素方差检验对技术理解的培训次数差异展开分析，如表 2-5 所示。结果表明，高中通用技术教师每年参加与课程相关的培训次数与其整体的技术理解不存在显著差异，但在作为意志的技术维度上存在显著的培训次数差异（$p<0.05$）。

表 2-5 培训次数与技术理解的单因素方差分析

维度	变异来源	平方和	自由度	均方	F 值	p 值
作为人工物的技术	组间	25.64	3	8.54	0.98	0.39
	组内	7189.29	831	8.65		
	总数	7214.94	834	—		
作为知识的技术	组间	10.82	3	3.60	0.67	0.56
	组内	4445.57	831	5.35		
	总数	4456.40	834	—		
作为活动的技术	组间	10.93	3	3.64	1.19	0.31
	组内	2545.17	831	3.06		
	总数	2556.10	834	—		
作为意志的技术	组间	31.79	3	10.59	3.01	0.02
	组内	2917.25	831	3.51		
	总数	2949.04	834	—		

续表

维度	变异来源	平方和	自由度	均方	F 值	p 值
技术的历史	组间	11.97	3	3.99	0.92	0.42
	组内	3596.18	831	4.32		
	总数	3608.16	834	—		
技术与社会	组间	9.88	3	3.29	1.40	0.24
	组内	1949.58	831	2.34		
	总数	1959.46	834	—		
技术与科学的关系	组间	11.24	3	3.74	1.33	0.26
	组内	2341.54	831	2.81		
	总数	2352.79	834	—		
技术的两面性	组间	4.34	3	1.44	0.61	0.60
	组内	1950.03	831	2.34		
	总数	1954.37	834	—		
总体	组间	602.52	3	200.84	1.61	0.18
	组内	103619.51	831	124.69		
	总数	104222.04	834	8.54		

为进一步阐释培训次数的差异,采用LSD进行平均数差异检验,具体如表2-6所示。多重比较的结果显示:①每年参加与课程相关的培训次数为"0"的高中通用技术教师在作为意志的技术维度上的得分显著低于培训次数为4～6次、6次以上高中通用技术教师的得分;②每年参加与课程相关的培训次数为6次以上的高中通用技术教师在作为意志的技术维度上的得分显著高于培训次数为1～3次高中通用技术教师的得分。

表2-6 技术理解在培训次数上的差异分析

维度	培训次数(I)	培训次数(J)	均值差($I-J$)	标准误
作为意志的技术	0次	1～3次	−0.15	0.17
		4～6次	−0.49*	0.24
		6次以上	−0.60*	0.24
	1～3次	0次	0.15	0.17
		4～6次	−0.34	0.20
		6次以上	−0.45*	0.20

续表

维度	培训次数(I)	培训次数(J)	均值差(I−J)	标准误
作为意志的技术	4～6次	0次	0.49*	0.24
		1～3次	0.34	0.20
		6次以上	−0.10	0.26
	6次以上	0次	0.60*	0.24
		1～3次	0.45*	0.20
		4～6次	0.10	0.26

注：* 表示通过 0.05 信度检验，** 表示通过 0.01 信度检验，*** 表示通过 0.001 信度检验。

总体而言，高中通用技术教师的培训次数在整体技术理解上不呈现显著差异，但在作为意志的技术维度上，呈现的趋势是：一年中无培训经历的高中通用技术教师在该维度得分显著偏低，培训次数越多，在该维度得分则越高。

（四）技术理解在专业上的差异

采用单因素方差检验对技术理解的专业差异展开分析，如表2-7所示。结果表明，高中通用技术教师的专业与技术理解的八个维度和整体上均不存在显著差异（$p>0.05$）。

表2-7 专业与技术理解的单因素方差分析

维度	变异来源	平方和	自由度	均方	F值	p值
作为人工物的技术	组间	125.09	17	7.35	0.87	0.61
	组内	4958.78	586	8.46		
	总数	5083.88	603	—		
作为知识的技术	组间	92.51	17	5.44	1.07	0.37
	组内	2965.53	586	5.06		
	总数	3058.04	603	—		
作为活动的技术	组间	57.39	17	3.37	1.23	0.23
	组内	1604.82	586	2.73		
	总数	1662.21	603	—		
作为意志的技术	组间	56.90	17	3.34	0.94	0.51
	组内	2072.97	586	3.53		
	总数	2129.87	603	—		
技术的历史	组间	55.95	17	3.29	0.79	0.70
	组内	2440.23	586	4.16		
	总数	2496.19	603	—		

续表

维度	变异来源	平方和	自由度	均方	F值	p值
技术与社会	组间	36.48	17	2.14	0.97	0.48
	组内	1286.86	586	2.19		
	总数	1323.35	603	—		
技术与科学的关系	组间	47.63	17	2.80	1.00	0.44
	组内	1629.10	586	2.78		
	总数	1676.73	603	—		
技术的两面性	组间	57.86	17	3.40	1.59	0.06
	组内	1250.88	586	2.13		
	总数	1308.74	603	—		
总体	组间	1772.46	17	104.26	0.89	0.57
	组内	68108.21	586	116.22		
	总数	69880.68	603	7.35		

(五)技术理解在学校所在区域上的差异

采用单因素方差检验技术理解的学校所在区域差异展开分析,如表2-8所示。结果表明,高中通用技术教师的学校所在区域与整体的技术理解存在显著差异,其显著差异主要表现在作为意志的技术维度上($p<0.05$)。

表2-8 学校所在区域与技术理解的单因素方差分析

维度	变异来源	平方和	自由度	均方	F值	p值
作为人工物的技术	组间	40.84	2	20.42	2.36	0.09
	组内	7174.10	832	8.62		
	总数	7214.94	834	—		
作为知识的技术	组间	25.44	2	12.72	2.38	0.09
	组内	4430.95	832	5.32		
	总数	4456.40	834	—		
作为活动的技术	组间	5.50	2	2.75	0.89	0.40
	组内	2550.60	832	3.06		
	总数	2556.10	834	—		
作为意志的技术	组间	38.75	2	19.37	5.54	0.00
	组内	2910.29	832	3.49		
	总数	2949.04	834	—		

续表

维度	变异来源	平方和	自由度	均方	F值	p值
技术的历史	组间	6.84	2	3.42	0.79	0.45
	组内	3601.32	832	4.32		
	总数	3608.16	834	—		
技术与社会	组间	7.33	2	3.66	1.56	0.21
	组内	1952.13	832	2.34		
	总数	1959.46	834	—		
技术与科学的关系	组间	5.96	2	2.98	1.05	0.34
	组内	2346.82	832	2.82		
	总数	2352.79	834	—		
技术的两面性	组间	10.49	2	5.24	2.24	0.10
	组内	1943.88	832	2.33		
	总数	1954.37	834	—		
总体	组间	759.86	2	379.93	3.05	0.04
	组内	103462.18	832	124.35		
	总数	104222.04	834	20.42		

为进一步阐释培训次数的差异,采用LSD进行平均数差异检验,具体如表2-9所示。多重比较的结果显示:①所在学校区域为市区的高中通用技术教师在作为意志的技术维度上的得分显著高于县城高中通用技术教师的得分;②所在学校区域为市区的技术教师的技术理解总得分显著高于县城高中通用技术教师的总得分。此外,乡镇高中通用技术教师的技术理解总得分略高于市区和县城高中通用技术教师的得分。

表2-9　技术理解在学校所在区域上的差异分析

维度	学校所在地(I)	学校所在地(J)	均值差(I−J)	标准误	显著性
作为意志的技术	市区	县城	0.46***	0.14	0.00
		乡镇	0.11	0.19	0.56
	县城	市区	−0.46***	0.14	0.00
		乡镇	−0.35	0.20	0.08
	乡镇	市区	−0.11	0.19	0.56
		县城	0.35	0.20	0.08

续表

维度	学校所在地(I)	学校所在地(J)	均值差($I-J$)	标准误	显著性
总体	市区	县城	1.86*	0.84	0.02
		乡镇	-0.42	1.17	0.71
	县城	市区	-1.86*	0.84	0.02
		乡镇	-2.29	1.21	0.06
	乡镇	市区	0.42	1.17	0.71
		县城	2.29	1.21	0.06

注：*表示通过0.05信度检验，**表示通过0.01信度检验，***表示通过0.001信度检验。

综上所述，H1部分成立，高中通用技术教师的技术理解在性别和学校所在区域上存在显著差异，在教龄、培训次数和专业上不存在显著差异。

第二节 技术态度现状及个体差异研究

一、高中通用技术教师技术态度的整体概况

（一）认知层面：充分认识到技术课程的重要性，但认为教学中存在困难，并持有性别刻板印象

通过描述性统计发现，重要性维度中的题项B1—B4①均值位于5.2～5.4，标准差均小于1，得分大于或等于4的人数分别为823(98.6%)、787(94.3%)、824(98.7%)、792(94.9%)，这说明高中通用技术教师一致且强烈地认为在中小学阶段开设技术类课程是必要的，技术类课程应作为一门必修课开设，技术类课程与数学、英语一样重要，技术知识对学生未来的发展是重要的。困难性维度中的题项B5—B7均值皆低于3，标准差均略大于1，得分大于或等于4的人数分别为823(98.6%)、787(94.3%)、824(98.7%)、792(94.9%)，这说明高中通用技术教师相当一致地认为：准备和教授技术类课程比其他课程困难，对于新手教师来说教授技术类课程是有难度的。性别信念维度中的题项B8—B12均值位于3～3.4，标准差略大于1.2，得分大于或等于4分的人数分别为322(38.6%)、301(36%)、357(42.8%)、270(32.3%)、368(44.1%)，这说明高中通用技术教师在教学过程中持有性别刻板印象，多数教师认为男性比女性更了解技术，更能享受通用技术教学，更善于

---

① B1—B26题项详见本书附录2。

设计有趣的技术活动,学习技术更简单,技术类课程对男生的职业发展更重要。

(二)情感层面:享受并乐于开展通用技术教学,但在教授和准备的过程中存在焦虑情绪

愉悦感维度中的题项 B13—B15 均值约为 4.8,标准差均小于 1,得分大于或等于 4 的人数分别为 759(90.9%)、784(93.9%)、770(92.2%),这说明高中通用技术教师多能享受通用技术教学、乐于准备技术类课程,对教授技术类课程充满热情。焦虑感维度中的题项 B16—B20 均值在 2.7~4,标准差在 1.3 左右,得分大于或等于 4 的人数分别为 194(23.2%)、239(28.6%)、460(55.1%)、548(65.6%)、315(37.7%),这说明高中通用技术教师在通用技术教学中均存在不同程度的焦虑感,多数教师会担心通用技术教学开展得不顺利、不能清楚地解释技术概念、教学活动不够引人入胜等。

(三)感知控制层面:有信心完成通用技术教学任务,但深感缺乏来自学校和领导的支持

自我效能感维度中的题项 B21—B23 均值位于 4.5~4.8,标准差均位于 1 左右,得分大于或等于 4 的人数分别为 744(89.1%)、769(92.1%)、725(86.8%),这说明多数高中通用技术教师对教学有信心,能够很好地理解技术类课程的教学内容、能有效处理学生在技术学习中遇到的困难;外部资源维度中的题项 B24—B26 均值位于 3.2~4.5,标准差均高于 1.2,得分大于或等于 4 的人数分别为 360(43.1%)、429(51.4%)、683(81.8%),这说明高中通用技术教师对学校的教学支持评价不一,近半成高中通用技术教师认为学校并没有组织很多技术类课程的教研活动,学校也未给予技术类课程足够的支持,但多数高中通用技术教师认为获得过同事的教学支持。

二、高中通用技术教师技术态度的个体差异

采用独立样本 T 检验和单因素方差检验发现,高中通用技术教师的个体特征对技术态度及部分维度存在显著影响,具体如表 2-10 所示。

表 2-10 高中通用技术教师技术态度的个体差异分析

背景变量		重要性 ($M\pm SD$)	困难性 ($M\pm SD$)	性别信念 ($M\pm SD$)	愉悦感 ($M\pm SD$)	焦虑感 ($M\pm SD$)	自我效能感 ($M\pm SD$)	外部资源 ($M\pm SD$)	技术态度 ($M\pm SD$)
性别	男	21.33 ±2.88	7.13 ±2.70	15.63 ±5.02	14.65 ±2.47	17.10 ±4.80	14.33 ±2.48	11.39 ±3.41	101.59 ±13.30
	女	21.25 ±2.24	6.75 ±2.42	17.13 ±4.80	14.21 ±2.28	16.01 ±4.38	13.32 ±2.33	10.75 ±3.48	99.40 ±12.93
	T值	−0.46	−2.12*	4.20***	−2.56*	−3.23**	−5.99***	−2.62**	−2.31*

续表

背景变量		重要性 ($M\pm SD$)	困难性 ($M\pm SD$)	性别信念 ($M\pm SD$)	愉悦感 ($M\pm SD$)	焦虑感 ($M\pm SD$)	自我效能感 ($M\pm SD$)	外部资源 ($M\pm SD$)	技术态度 ($M\pm SD$)
教龄	<1①	20.20±2.69	7.84±2.30	17±5.32	14.84±2.01	16.52±4.11	13.36±2.11	11.84±3.42	101.60±14.15
	1~5②	21.49±2.35	6.75±2.41	16.94±5.15	14.40±2.62	15.56±5.02	13.86±2.71	12.01±3.65	101.04±14.14
	6~10③	21.21±3.08	7.23±2.68	16.56±4.84	14.11±2.66	16.02±4.21	13.31±2.29	10.61±3.19	99.07±13
	11~15④	21.32±2.85	6.64±2.53	16.26±5.36	14.39±2.27	16.25±4.75	13.83±2.53	11.35±3.42	100.06±13.88
	>15⑤	21.34±2.51	7.05±2.66	15.78±4.83	14.66±2.33	17.39±4.66	14.25±2.43	11.01±3.45	101.51±12.71
	F值	1.28	1.89	1.69	1.65	5.09***	4.47**	3.13*	1.05
	事后检验	无	无	无	无	⑤>④③②	⑤>③	②>③⑤	无
培训次数	0①	20.92±3.09	6.67±2.82	15.60±5.04	13.64±2.91	15.44±4.63	13.12±2.98	9.24±3.32	94.66±12.89
	1~3②	21.23±2.59	7.06±2.51	16.04±4.92	14.53±2.24	16.69±4.46	13.92±2.32	11.17±3.23	100.67±12.28
	4~6③	21.60±2.44	6.74±2.32	16.63±4.77	14.72±2.41	17.48±4.76	14.29±2.34	12.10±3.23	103.59±12.50
	>6④	21.91±2.44	7.33±2.97	17.24±5.35	15.26±2.10	17.74±5.30	14.85±2.22	12.86±3.59	107.21±14.85
	F值	3.31*	1.71	2.59	10.03***	6.14***	10.78***	27.87***	21.25***
	事后检验	③>①④>①②	无	无	④>①②③②③>①	④>①②②③>①	④>①②③③②>①	④>①②③③>①②②>①	④>①②③③>①②②>①
学校区域	市区①	21.44±2.62	7.07±2.65	16.65±5.26	14.64±2.27	16.98±4.91	14.10±2.35	11.36±3.51	102.27±13.45
	县城②	21.09±2.66	6.98±2.58	15.86±4.67	14.25±2.55	16.41±4.37	13.71±2.67	10.94±3.45	99.27±12.76

续表

背景变量		重要性 ($M\pm SD$)	困难性 ($M\pm SD$)	性别信念 ($M\pm SD$)	愉悦感 ($M\pm SD$)	焦虑感 ($M\pm SD$)	自我效能感 ($M\pm SD$)	外部资源 ($M\pm SD$)	技术态度 ($M\pm SD$)
学校区域	乡镇③	21.39 ±2.79	6.74 ±2.48	15.34 ±4.69	14.57 ±2.49	16.46 ±4.58	13.98 ±2.33	11.03 ±3.21	99.54 ±12.95
	F值	1.55	0.72	4.07*	2.47	1.44	2.22	1.39	5.19**
	事后检验	无	无	①>②③	无	无	无	无	①>②③

注：①—⑤代表分组组别。* 表示通过0.05信度检验，** 表示通过0.01信度检验，*** 表示通过0.001信度检验。

1. 技术态度在性别上存在显著差异

除在性别信念维度上，女性高中通用技术教师的得分显著高于男性高中通用技术教师（$t=4.2, p<0.001$），在其余六个维度上的平均得分皆低于男性高中通用技术教师的得分，并在困难性、愉悦感、焦虑感、自我效能感、外部资源这五个维度上存在显著差异（$p<0.05$）。总体而言，男性高中通用技术教师在教学态度上的平均得分（101.59）显著高于女性高中通用技术教师的平均得分（99.4）（$t=-2.31, p<0.05$）。

2. 技术态度在教龄上不存在显著差异

教龄虽在总体的技术态度上不存在显著差异（$F=1.05, p>0.05$），但在焦虑感、自我效能感、外部资源维度上存在显著差异（$p<0.05$）。教龄为15年以上的高中通用技术教师在焦虑感维度上的得分高于其他教龄段的高中通用技术教师的得分，并与教龄为1~5年、6~10年、11~15年的高中通用技术教师呈现显著差异（$F=5.09, p<0.001$）；教龄为6~10年的高中通用技术教师在自我效能感维度上的得分最低，并显著低于教龄为15年以上高中通用技术教师的得分（$F=4.47, p<0.01$），教龄为15年以上的高中通用技术教师在自我效能感维度上的得分最高。教龄为1~5年的高中通用技术教师在外部资源维度上的得分最高，并显著高于教龄为6~10年、15年以上的高中通用技术教师的得分（$F=3.13, p<0.05$）。

3. 技术态度在培训次数上存在显著差异

高中通用技术教师每年参加的培训次数越多，总体的技术态度得分越高，培训次数不同，技术态度存在显著差异（$F=21.25, p<0.001$）。此外，培训次数在重要性、愉悦感、焦虑感、自我效能感、外部资源维度上也存在显著差异（$p<0.05$），表现出每年培训次数为0、1~3次高中通用技术教师的得分均小于培训次数为4~6次、6次以上高中通用技术教师得分的趋势。

4. 技术态度在专业上存在显著差异

由于专业分类过多，篇幅所限，不便在表2-10中呈现。整体而言，专业为其他、工学、数学、电子科学与技术的高中通用技术教师的技术态度较为积极正向,他们乐于教学、焦虑感较少、对自己的课程教学能力有足够自信,且在愉悦感、焦虑感、自我效能感三个维度上存在显著的培训次数差异($p<0.05$)。多重比较结果显示:①专业为其他、工学、电子科学与技术、教育学、机械工程、数学的高中通用技术教师在愉悦感上的得分较高,专业为教育技术学、文学、教育学(学科教育)、物理学、计算机科学与技术的高中通用技术教师在愉悦感上的得分较低;②专业为其他、数学、工学的高中通用技术教师在焦虑感上的得分较高,专业为教育技术学、计算机科学与技术、教育学(学科教育)、教育学的高中通用技术教师在焦虑感上的得分较低;③专业为教育技术学的高中通用技术教师在自我效能感上的得分最低,并与其他专业呈现显著差异。

5. 技术态度在学校所在区域上存在显著差异

学校所在区域为市区的高中通用技术教师技术态度的总得分显著高于县城、乡镇高中通用技术教师的总得分($F=5.19, p<0.01$),在性别信念维度上的得分显著高于县城、乡镇高中通用技术教师的得分($F=4.07, p<0.05$),学校所在区域对技术态度的其他维度均不存在显著影响。

第三节　技术行为现状及个体差异研究

一、高中通用技术教师技术行为的整体概况

描述性统计发现,C3、C4、C6 的均值低于 5 分,得分大于等于 4(即持有略同意、同意、非常同意态度)的人数与比例分别为 738(88.4%)、656(78.6%)、747(89.5%),标准差大于等于 1 或接近于 1,这说明高中通用技术教师为技术课程寻求学校的支持、在教授技术类课程时放轻松、对男生和女生一视同仁这三类行为中意愿不算强烈,且存在着一定的差异(表 2-11)。C1、C2、C5 的均值均高于 5,其标准差均低于 0.8,这说明高中通用技术教师打算尽最大的努力让学生对技术持有积极的态度,帮助学生克服技术课程中遇到的问题,并在学生感到困惑时鼓励他们。

表 2-11　技术行为中题项的得分情况

题项	均值	标准差	≤3 分	≥4 分
C1	5.14	0.73	19 人(占 2.3%)	816 人(占 97.7%)
C2	5.01	0.74	21 人(占 2.5%)	814 人(占 97.5%)
C3	4.61	1.00	97 人(占 11.6%)	738 人(占 88.4%)
C4	4.32	1.71	179 人(占 21.4%)	656 人(占 78.6%)
C5	5.14	0.70	15 人(占 1.8%)	820 人(占 98.2%)
C6	4.88	0.98	88 人(占 10.5%)	747 人(占 89.5%)

注:C1—C6 题项详见本书附录 2。

从各题落于六个选项"非常不同意、不同意、略不同意、略同意、同意、非常同意"的频次分析得出：①高中通用技术教师在寻求教学支持、看待技术中的性别差异以及开展技术教学时放轻松等行为有待加强；②高中通用技术教师在处理技术课程、学生、自己三者的关系时会表现出积极正向的技术教学行为。

二、高中通用技术教师技术行为的个体差异

（一）技术行为在性别上的差异

采用独立样本 T 检验对技术行为的性别差异展开分析，如表2-12所示。结果表明，性别在技术行为上不存在显著差异（$p>0.05$）。

表2-12 技术行为在性别上的差异分析

维度	M/SD（女）	M/SD（男）	t值	p值
技术行为	28.83/3.33	29.22/3.52	−1.61	0.11

（二）技术行为在教龄上的差异

采用单因素方差检验对技术行为的教龄差异展开分析，如表2-13所示。结果表明，高中通用技术教师的教龄与技术行为不存在显著差异。

表2-13 教龄与技术行为的单因素方差分析

维度	变异来源	平方和	自由度	均方	F值	p值
技术行为	组间	27.93	4	6.98	0.58	0.67
	组内	9939.68	830	11.97		
	总数	9967.62	834	—		

（三）技术行为在培训次数上的差异

采用单因素方差检验对技术行为的培训次数差异展开分析，如表2-14所示。结果表明，高中通用技术教师每年参加与课程相关的培训次数与技术行为存在显著差异（$p<0.05$）。

表2-14 培训次数与技术行为的单因素方差分析

维度	变异来源	平方和	自由度	均方	F值	p值
技术行为	组间	270.35	3	90.11	7.72	0.00
	组内	9697.26	831	11.66		
	总数	9967.62	834	—		

为进一步阐释教龄的差异,采用 LSD 进行平均数差异检验,具体如表 2-15 所示。多重比较的结果显示:①每年参加与课程相关的培训次数为 0 的高中通用技术教师在技术行为维度上的得分显著低于培训次数为 1～3 次、4～6 次、6 次以上高中通用技术教师的得分;②每年参加与课程相关的培训次数为 1～3 次的高中通用技术教师在技术行为维度上的得分显著低于培训次数为 6 次以上高中通用技术教师的得分;③高中通用技术教师参与培训的次数越多,其技术行为越积极正向。

表 2-15　技术行为在培训次数上的差异分析

维度	培训次数(I)	培训次数(J)	均值差($I-J$)	标准误
技术行为	0 次	1～3 次	−0.93***	0.32
		4～6 次	−1.19***	0.44
		6 次以上	−2.10***	0.44
	1～3 次	0 次	0.93***	0.32
		4～6 次	−0.25	0.37
		6 次以上	−1.16***	0.37
	4～6 次	0 次	1.19***	0.44
		1～3 次	0.25	0.37
		6 次以上	−0.91	0.48
	6 次以上	0 次	2.10***	0.44
		1～3 次	1.16***	0.37
		4～6 次	0.91	0.48

注:* 表示通过 0.05 信度检验,** 表示通过 0.01 信度检验,*** 表示通过 0.001 信度检验。

(四)技术行为在专业上的差异

采用单因素方差检验对技术行为的专业差异展开分析,如表 2-16 所示。结果表明,高中通用技术教师的专业与技术行为存在显著差异($p<0.05$)。

表 2-16　专业与技术行为的单因素方差分析

维度	变异来源	平方和	自由度	均方	F 值	p 值
技术行为	组间	439.390	12	36.610	3.36	0.00
	组内	6422.542	591	10.860		
	总数	6861.930	603	—		

为进一步阐释专业的差异,采用 LSD 进行平均数差异检验,因表格过长,不便于粘贴,在此只对结果进行阐述。多重比较结果显示:专业为其他、教育学、工学、机械

工程的高中通用技术教师在技术行为上的得分较高,专业为文学、教育学(学科教育)、教育技术学的教师在技术行为上的得分较低。

(五)技术行为在学校所在区域的差异

采用单因素方差检验对技术行为的学校所在区域差异展开分析,如表 2-17 所示。结果表明,高中通用技术教师的学校所在区域与技术行为存在显著差异($p<0.05$)。

表 2-17　学校所在区域与技术行为的单因素方差分析

维度	变异来源	平方和	自由度	均方	F 值	p 值
技术行为	组间	73.570	2	36.788	3.094	0.04
	组内	9894.040	832	11.892		
	总数	9967.620	834	—		

为进一步阐释专业的差异,采用 LSD 进行平均数差异检验,如表 2-18 所示。多重比较结果显示:市区的高中通用技术教师在技术行为上的得分显著高于县城高中通用技术教师的得分;市区的高中通用技术教师在技术行为上的得分最高,其次为乡镇的,最后为县城的。

表 2-18　技术行为在学校所在区域上的差异分析

维度	学校所在区域(I)	学校所在区域(J)	均值差(I-J)	标准误	显著性
技术行为	市区	县城	0.62*	0.25	0.01
		乡镇	0.49	0.36	0.17
	县城	市区	-0.62*	0.25	0.01
		乡镇	-0.12	0.37	0.74
	乡镇	市区	-0.49	0.36	0.17
		县城	0.12	0.37	0.74

注:* 表示通过 0.05 信度检验,** 表示通过 0.01 信度检验,*** 表示通过 0.001 信度检验。

综上所述,H3 部分成立,技术教师的技术行为在培训次数、专业和学校所在区域上存在显著差异,在性别和教龄上不存在显著差异。

第三章 技术理解、技术态度与技术行为的作用关系

采用多元线性回归分析方法来解释高中通用技术教师的技术理解、技术态度与技术行为间的关系。在应用多元线性回归时,数据必须符合以下基本假定(吴明隆,2010)。

正态性:预测变量的各个水平在效标变量上需呈现正态分布,即残差的正态分布。该结果可从回归标准化残差值的直方图中判断得知。

预测变量之间没有多元线性关系:即自变量间没有高度相关(相关系数>0.7以上),自变量与效标变量有中高度相关,自变量本身间呈中低度相关。此结果可从预测变量与效标变量的积差相关矩阵、容忍度(TOL)、方差膨胀因素(VIF)指标值中判断得知。TOL值大于0.10,VIF值小于10即不存在多元线性问题。

残差独立性假定:不同预测变量所产生残差间的相关系数为0,可通过德宾-沃森(Durbin-Watson)检验统计量来判断模型中是否存在自我相关。

线性关系:预测变量与效标变量间呈线性关系,可通过回归标准化残差的正态P-P图判断得知。

残差等分散性:即方差的同质性,对于预测变量的各个水平在效标变量的方差应是相同的,可通过标准化残差值与标准化预测值的交叉散布图来检验样本观察值是否符合正态性的假设、检验残差值是否符合正态性以及方差齐一性的假定。

第一节 技术理解对技术态度的作用

本节中技术理解量表的八个预测变量为:作为人工物的技术(O)、作为知识的技术(K)、作为活动的技术(A)、作为意志的技术(W)、技术的历史(H)、技术与社会(SO)、技术与科学的关系(SC)和技术的两面性(SW)。效标变量为技术态度(AT)。本书采用强迫进入变量法将上述八个预测变量同时纳入回归模型中,以解释八个自变量对技术态度的整体预测力。

技术理解的八个预测变量与技术态度的相关矩阵列如表3-1所示。从表3-1中可以得知,八个预测变量呈显著正相关($p<0.05$),相关系数分布在0.15~0.70,未超过0.80,可见:八个预测变量间呈现中低度相关,存在共线性问题的可能性较小。此外,八个预测变量与技术态度呈现低度相关,可以推断出:技术理解的八个预测变量对技术态度的解释力度较小。

表 3-1 技术理解的八个预测变量与技术态度的相关矩阵

		AT	O	K	A	W	H	SO	SC	SW
皮尔逊 (Pearson)相关	AT	1.00	0.01	0.11	0.14	0.21	0.17	0.19	0.15	0.07
	O	0.01	1.00	0.34	0.31	0.24	0.25	0.27	0.21	0.15
	K	0.11	0.34	1.00	0.55	0.36	0.41	0.45	0.36	0.33
	A	0.14	0.31	0.55	1.00	0.48	0.57	0.60	0.50	0.42
	W	0.21	0.24	0.36	0.48	1.00	0.66	0.61	0.56	0.55
	H	0.17	0.25	0.41	0.57	0.66	1.00	0.70	0.63	0.57
	SO	0.19	0.27	0.45	0.60	0.61	0.70	1.00	0.64	0.59
	SC	0.15	0.21	0.36	0.50	0.56	0.63	0.64	1.00	0.51
	SW	0.07	0.15	0.33	0.42	0.55	0.57	0.59	0.51	1.00
显著性 (单侧)	AT	—	0.35	0.00	0.00	0.00	0.00	0.00	0.00	0.01
	O	0.35	—	0.00	0.00	0.00	0.00	0.00	0.00	0.00
	K	0.00	0.00	—	0.00	0.00	0.00	0.00	0.00	0.00
	A	0.00	0.00	0.00	—	0.00	0.00	0.00	0.00	0.00
	W	0.00	0.00	0.00	0.00	—	0.00	0.00	0.00	0.00
	H	0.00	0.00	0.00	0.00	0.00	—	0.00	0.00	0.00
	SO	0.00	0.00	0.00	0.00	0.00	0.00	—	0.00	0.00
	SC	0.00	0.00	0.00	0.00	0.00	0.00	0.00	—	0.00
	SW	0.01	0.00	0.00	0.00	0.00	0.00	0.00	0.00	—

由表 3-2 可知,八个预测变量与技术态度的多元相关系数(R)为 0.256,决定系数(R^2)为 0.065,调整后的 R^2 为 0.056,回归模型误差均方和的估计标准误为 12.82,R^2 的改变量为 0.065,表示八个预测变量共可解释技术态度效标变量 6.5% 的变异量。

表 3-2 技术理解的八个预测变量与技术态度的回归模型摘要

模型	R	R^2	调整的 R^2	估计的标准误	R^2 更改	F 更改	$df1$	$df2$	Sig. F 更改	Durbin-Watson
1	0.256	0.065	0.056	12.82	0.065	7.23	8	826	0.000	1.996

注:R 为多元相关系数,R^2 为决定系数,F 为 F 检验的统计量,$df1$ 为 F 统计量的分子自由度,$df2$ 为 F 统计量的分母自由度,Sig. F 为 F 值的显著水平。

Durbin-Watson 检验统计量数值愈接近 2,表示相关系数愈接近 0,残差间无自我相关,且 DW 数值介于 0~2 时表示误差项间的相关为正相关。本书中的 DW 值为 1.996,说明残项差间无自我相关。

表 3-3 为回归模型的回归系数及回归系数的显著性检验。标准化回归系数 Beta 分布值越大,表示该预测变量对效标变量的影响越大,其解释技术态度的变异量也会越大。从系数摘要表中可以得出未标准化的回归方程式如下:

$AT=76.081-0.329\times O+0.215\times K+0.122\times A+1.330\times W+0.141\times H+1.044\times SO+0.066\times SC-1.069\times SW$

式中,AT 表示效标变量为技术态度,O 表示作为人工物的技术,K 表示作为知识的技术,A 表示作为活动的技术,W 表示作为意志的技术,H 表示技术的历史,SO 表示技术与社会,SC 表示技术与科学的关系,SW 表示技术的两面性。

标准化回归模型如下:

$AT=-0.073\times O+0.038\times K+0.016\times A+0.189\times W+0.022\times H+0.121\times SO+0.008\times SC-0.124\times SW$

从标准化回归模型中可以看出,八个预测变量对因变量技术态度的影响都不大,重要性相对较高的两个预测变量为作为意志的技术、技术与社会。作为人工物的技术与技术的两面性的标准化回归系数为-0.073 和-0.124,表示这两个预测变量对技术态度的影响均为负向,其余六个预测变量的标准化回归系数均为正数,表示这六个预测变量对技术态度的影响均为正向。

八个预测变量回归系数显著性检验的 t 值分别为-2.005($p=0.045<0.05$)、0.897($p=0.370>0.05$)、0.338($p=0.735>0.05$)、3.906($p=0.000<0.05$)、0.403($p=0.687>0.05$)、2.175($p=0.030<0.05$)、0.176($p=0.861>0.05$)、-2.760($p=0.006<0.05$),回归达到显著的自变量有作为人工物的技术、作为意志的技术、技术与社会、技术的两面性,未达到显著的自变量则为作为知识的技术、作为活动的技术、技术的历史、技术与科学的关系。

由表 3-3 可知,八个预测变量的 TOL 值皆大于 0.1,VIF 值皆小于 10,说明自变量间不存在严重的多元共线性问题。此外,样本观察值符合正态性的基本假定,八个预测变量与效标变量间呈线性关系;散布图的点在 0 值上下呈水平的随机分布,样本观察值符合正态性及方差齐一性的假定。综上所述,样本数据符合上述五项基本假定,可应用多元线性回归分析方法。

表 3-3 技术理解的八个预测变量与技术态度的多元线性回归系数

模型	非标准化系数		标准系数	t	Sig.	共线性统计量	
	B	标准误	Beta 分布			TOL	VIF
(常量)	76.081	5.467	—	13.916	0.000	—	—
作为人工物的技术	-0.329	0.164	-0.073	-2.005	0.045	0.849	1.177
作为知识的技术	0.215	0.239	0.038	0.897	0.370	0.645	1.551
作为活动的技术	0.122	0.360	0.016	0.338	0.735	0.497	2.011

续表

模型	非标准化系数 B	标准误	标准系数 Beta 分布	t	Sig.	共线性统计量 TOL	VIF
作为意志的技术	1.330	0.341	0.189	3.906	0.000	0.481	2.079
技术的历史	0.141	0.350	0.022	0.403	0.687	0.371	2.693
技术与社会	1.044	0.480	0.121	2.175	0.030	0.364	2.744
技术与科学的关系	0.066	0.377	0.008	0.176	0.861	0.492	2.033
技术的两面性	−1.069	0.387	−0.124	−2.760	0.006	0.561	1.783

注：B 为回归系数，Beta 分布为标准化回归系数，t 为回归系数 t 检验的结果，Sig. 为显著性检验，TOL 为共线性水平容许值，VIF 为方差膨胀系数，下同。

由表 3-4 可知，技术理解可解释高中通用技术教师的技术态度 3.2% 的变异量，F 值为 27.346（$p<0.001$），说明回归模型达到显著性水平。该模型中，标准回归化系数为 0.178，整体上来说，高中通用技术教师的技术理解对技术态度有正向影响，技术理解的得分越高，其技术态度越积极。高中通用技术教师的技术理解与其技术态度存在显著正相关，得到检验，H4a 假设成立。但从技术理解的八个预测变量对技术态度的回归模型，我们进一步发现：高中通用技术教师对技术人工物的理解越受局限，对技术的两面性认知水平越低，其技术态度却越积极正向；高中通用技术教师对作为意志的技术理解越深刻，深入思考过技术与社会关系，他们的技术态度越积极正向；教师对技术作为知识与活动的形态认知水平越高，越能准确把握技术与科学的关系，越能用辩证的眼光看待技术的历史时，对技术态度的作用是积极正向的，但影响甚微。

表 3-4　技术理解与技术态度的多元线性回归分析

	未标准化系数 B	标准误	标准系数 Beta 分布	t	Sig.	共线性诊断 TOL	VIF
常量	73.910	5.160	—	14.322	0.000	—	—
技术理解	0.211	0.040	0.178	5.229	0.000	1.000	1.000
R^2 更改	0.032						
F 值	27.346						
Durbin-Watson	1.996						

为了深入挖掘技术理解中八个预测变量对技术态度中七个因变量（重要性（R）、困难性（D）、性别信念（G）、愉悦感（E）、焦虑感（A）、自我效能感（S）、外部资源依赖（C））间的关系，表 3-5 给出了技术理解各变量与技术态度各变量的多元回归分析。

第三章 技术理解、技术态度与技术行为的作用关系

表 3-5 技术理解各变量与技术态度各变量的多元回归分析

变量	R Beta	R t值	D Beta	D t值	G Beta	G t值	E Beta	E t值	A Beta	A t值	S Beta	S t值	C Beta	C t值
O	−0.049	−1.530	−0.105	−2.891*	−0.017	−0.447	−0.006	−0.166	−0.097	−2.600*	0.006	0.167	−0.007	−0.189
K	0.082	2.226	−0.032	−0.756	−0.016	−0.376	0.053	1.298	0.006	0.148	0.101	2.492*	0.010	0.227
A	−0.096	−2.293*	0.152	3.196*	−0.050	−1.016	0.027	0.581	0.001	0.017	0.005	0.111	0.070	1.437
W	0.229	5.376*	−0.083	−1.715	0.064	1.271	0.172	3.663*	0.062	1.245	0.206	4.386*	0.166	3.364*
H	0.292	6.023*	−0.122	−2.217*	−0.076	−1.334	0.104	1.947	−0.030	−0.531	0.081	1.512	−0.029	−0.516
SO	0.094	1.909	0.047	0.845	0.007	0.131	0.081	1.499	0.153	2.697*	0.100	1.859	0.008	0.144
SC	−0.018	−0.426	−0.031	−0.647	0.067	1.350	0.023	0.496	−0.016	−0.328	−0.050	−1.072	0.014	0.294
SW	0.029	0.723	−0.131	−2.925*	−0.018	−0.382	−0.038	−0.871	−0.157	−3.422*	−0.045	−1.022	−0.101	−2.196*
F	39.669*		8.004*		0.832		14.556*		2.706*		14.144*		13.050*	
R^2	0.278		0.072		0.008		0.124		0.026		0.120		0.029	

注：* 表示通过 0.05 信度检验。

高中通用技术教师对技术教学的重视程度受到他们对作为活动的技术理解水平的负向影响,以及对作为意志的技术和对技术的历史理解水平的正向影响;高中通用技术教师在技术教学的困难感知受到他们对作为人工物的技术、技术的历史、技术的两面性理解水平的负向影响,以及对作为活动的技术理解水平的正向影响;高中通用技术教师在技术教学中性别信念不受技术理解中任何一个预测变量的影响;高中通用技术教师在技术教学中的愉悦感受到他们对作为意志的技术理解水平的正向影响;高中通用技术教师在技术教学中的焦虑程度受到他们对作为人工物的技术、技术的两面性理解水平的负向影响,以及对技术与社会关系认知水平的正向影响;高中通用技术教师在技术教学中的自我效能感受到他们对作为知识的技术、作为意志的技术理解水平的正向影响;高中通用技术教师对技术教学中外部环境支持的感知受到他们对作为意志的技术理解水平的正向影响。

第二节 技术态度对技术行为的作用

本节中技术态度量表的七个预测变量为:重要性(R)、困难性(D)、性别信念(G)、愉悦感(E)、焦虑感(A)、自我效能感(S)、外部资源依赖(C)。效标变量为技术行为(B)。本研究采用强迫进入变量法将上述七个预测变量同时纳入回归模型中,以解释七个自变量对技术行为的整体预测力。

技术态度的七个预测变量与技术行为的相关矩阵列如表3-6所示。从表3-6中可以得知,七个预测变量间的相关系数分布在$-0.19 \sim 0.66$,均未大于0.8。由此可见,七个预测变量间的相关呈现中低度相关,存在共线性问题的可能性较小。此外,某些预测变量(如困难性、性别信念、焦虑感、外部资源依赖)与技术行为呈现低度相关的关系,但预测变量与技术行为的关系皆为显著($p<0.05$),可以推断出:技术态度的七个预测变量对技术行为的解释力度甚佳。

表3-6 技术态度的七个预测变量与技术行为的相关矩阵

		B	R	D	G	E	A	S	C
皮尔逊(Pearson)重要性	B	1.00	0.51	−0.06	0.06	0.71	0.19	0.57	0.41
	R	0.51	1.00	−0.19	0.01	0.51	0.11	0.38	0.16
	D	−0.06	−0.19	1.00	0.20	0.03	0.34	0.05	0.12
	G	0.06	0.01	0.20	1.00	0.03	0.23	0.04	−0.02
	E	0.71	0.51	0.03	0.03	1.00	0.33	0.66	0.42
	A	0.19	0.11	0.34	0.23	0.33	1.00	0.37	0.21
	S	0.57	0.38	0.05	0.04	0.66	0.37	1.00	0.40
	C	0.41	0.16	0.12	−0.02	0.42	0.21	0.40	1.00

续表

		B	R	D	G	E	A	S	C
显著性(单侧)	B	—	0.00	0.03	0.02	0.00	0.00	0.00	0.00
	R	0.00	—	0.00	0.30	0.00	0.00	0.00	0.00
	D	0.03	0.00	—	0.00	0.13	0.00	0.04	0.00
	G	0.02	0.30	0.00	—	0.16	0.00	0.09	0.26
	E	0.00	0.00	0.13	0.16	—	0.00	0.00	0.00
	A	0.00	0.00	0.00	0.00	0.00	—	0.00	0.00
	S	0.00	0.00	0.04	0.09	0.00	0.00	—	0.00
	C	0.00	0.00	0.00	0.26	0.00	0.00	0.00	—

由表 3-7 可知,七个预测变量与技术行为的多元相关系数为 0.761,决定系数 (R^2) 为 0.580,调整后的 R^2 为 0.576,回归模型误差均方和的估计标准误为 2.25, R^2 的改变量为 0.580,表示七个预测变量共可解释技术行为效标变量 58.0%的变异量。Durbin-Watson 值为 1.975,接近 2,说明残项差间无自我相关。

表 3-7 技术态度的七个预测变量与技术行为的回归模型摘要

模型	R	R^2	调整 R^2	估计的标准误	更改统计量					Durbin-Watson
					R^2 更改	F 更改	$df1$	$df2$	Sig. F 更改	
1	0.761	0.580	0.576	2.25	0.580	162.851	7	827	0.000	1.975

表 3-8 为回归模型的回归系数及回归系数的显著性检验。标准化回归系数 Beta 分布值越大,表示该预测变量对效标变量的影响愈大,其解释技术行为的变异量也会愈大。从系数摘要表中可以得出未标准化的回归方程式如下:

$B = 10.062 + 0.237 \times R - 0.083 \times D + 0.051 \times G + 0.687 \times E - 0.049 \times A + 0.216 \times S + 0.141 \times C$

标准化回归模型如下:

$B = 0.183 \times R - 0.063 \times D + 0.073 \times G + 0.480 \times E - 0.066 \times A + 0.155 \times S + 0.141 \times C$

从标准化回归模型中可以看出,七个预测变量中以愉悦感对技术行为的影响最大,其中困难性与焦虑感对技术行为的影响为负向,其余五个变量均为正向影响。

八个预测变量回归系数显著性检验的 t 值分别为 6.696($p=0.000<0.05$)、-2.485($p=0.013<0.05$)、3.117($p=0.002<0.05$)、14.229($p=0.000<0.05$)、-2.482($p=0.013<0.05$)、4.917($p=0.000<0.05$)、5.518($p=0.000<0.05$),均达到显著水平。

由表 3-8 可知,七个预测变量的 TOL 值皆大于 0.1,VIF 值皆小于 10,说明自变量间不存在严重的多元共线性问题。此外,样本观察值符合正态性的基本假定,八个预测变量与效标变量间呈线性关系;散布图的点在 0 值上下呈水平的随机分布,样本观察值符合正态性及方差齐一性的假定。综上所述,样本数据符合上述五项基本假定,可应用多元线性回归。

表 3-8 技术态度的七个预测变量与技术行为的多元线性回归系数

模型	非标准化系数 B	标准误	标准系数 Beta 分布	t	Sig.	共线性统计量 TOL	VIF
常量	10.062	0.754	—	13.339	0.000		
重要性	0.237	0.035	0.183	6.696	0.000	0.682	1.466
困难性	−0.083	0.033	−0.063	−2.485	0.013	0.799	1.252
性别信念	0.051	0.016	0.073	3.117	0.002	0.916	1.091
愉悦感	0.687	0.048	0.480	14.229	0.000	0.447	2.237
焦虑感	−0.049	0.020	−0.066	−2.482	0.013	0.716	1.397
自我效能感	0.216	0.044	0.155	4.917	0.000	0.514	1.947
外部资源依赖	0.141	0.026	0.141	5.518	0.000	0.779	1.283

由表 3-9 可知,技术态度可解释高中通用技术教师的技术行为 28.5% 的变异量,F 值为 331.967($p<0.001$),说明回归模型达到显著性水平。该模型中,标准回归化系数为 0.534,整体上来说,高中通用技术教师的技术态度对技术行为有正向影响,技术态度越积极,其技术行为越正向,高中通用技术教师的技术态度与其技术行为存在显著正相关,得到检验,H4b 假设成立。但从技术态度的七个预测变量对技术行为的回归模型中,我们进一步发现:高中通用技术教师越认为技术课程是困难的、焦虑感越强,他们的教学行为越不积极正向;相反,若高中通用技术教师越重视技术课程、存在一定的性别意识、在教学中能感受到愉悦、对技术及其教学有着较高的自我效能感和自信、对外部给予的支持感知越多,他们的技术行为则越积极正向;其中,提升其教学愉悦感是促进其技术行为为正向发展的有力保证。

表 3-9 技术态度与技术行为的多元线性回归分析

	未标准化系数 B	标准误	标准系数 Beta 分布	t	Sig.	共线性诊断 TOL	VIF
常量	14.993	0.780	—	19.228	0.000	—	—
技术态度	0.140	0.008	0.534	18.220	0.000	1.000	1.000
R^2 更改	0.285							
F 值	331.967							
Durbin-Watson	1.949							

第三节 技术理解对技术行为的作用

本研究采用强迫进入变量法将前述八个预测变量同时纳入回归模型中,以解释八个自变量对技术行为的整体预测力。技术理解的八个预测变量与技术行为的相关矩阵列如表 3-10 所示。从表 3-10 中可以得知,技术理解的七个预测变量与技术行为呈现低度显著相关($p<0.05$),可以推断出:技术理解的八个预测变量对技术行为有着一定的解释力度。

表 3-10　技术理解的八个预测变量与技术行为的相关矩阵

		B	O	K	A	W	H	SO	SC	SW
皮尔逊(Pearson)重要性	B	1.00	0.12	0.25	0.30	0.41	0.40	0.38	0.34	0.32
	O	0.12	1.00	0.34	0.31	0.24	0.25	0.27	0.21	0.15
	K	0.25	0.34	1.00	0.55	0.36	0.41	0.45	0.36	0.33
	A	0.30	0.31	0.55	1.00	0.48	0.57	0.60	0.50	0.42
	W	0.41	0.24	0.36	0.48	1.00	0.66	0.61	0.56	0.55
	H	0.40	0.25	0.41	0.57	0.664	1.00	0.70	0.63	0.57
	SO	0.38	0.27	0.45	0.60	0.61	0.70	1.00	0.64	0.59
	SC	0.34	0.21	0.36	0.50	0.56	0.63	0.64	1.00	0.51
	SW	0.32	0.15	0.33	0.42	0.55	0.57	0.59	0.51	1.00
显著性(单侧)	B	—	0.00	0.00	0.00	0.00	0.00	0.00	0.00	0.00
	O	0.00	—	0.00	0.00	0.00	0.00	0.00	0.00	0.00
	K	0.00	0.00	—	0.00	0.00	0.00	0.00	0.00	0.00
	A	0.00	0.00	0.00	—	0.00	0.00	0.00	0.00	0.00
	W	0.00	0.00	0.00	0.00	—	0.00	0.00	0.00	0.00
	H	0.00	0.00	0.00	0.00	0.00	—	0.00	0.00	0.00
	SO	0.00	0.00	0.00	0.00	0.00	0.00	—	0.00	0.00
	SC	0.00	0.00	0.00	0.00	0.00	0.00	0.00	—	0.00
	SW	0.00	0.00	0.00	0.00	0.00	0.00	0.00	0.00	—

由表 3-11 可知,八个预测变量与技术行为的多元相关系数为 0.462,决定系数(R^2)为 0.214,调整后的 R^2 为 0.206,回归模型误差均方和的估计标准误为 3.08,R^2 的改变量为 0.214,表示八个预测变量共可解释技术行为效标变量 21.4% 的变异量。Durbin-Watson 检验统计量数值为 2.018,说明残项差间无自我相关。

表 3-11 技术理解的八个预测变量与技术行为的回归模型摘要

R	R^2	调整的 R^2	估计的标准误	R^2 更改	F 更改	$df1$	$df2$	Sig. F 更改	Durbin-Watson
0.462	0.214	0.206	3.08	0.214	28.038	8	826	0.000	2.018

表 3-12 中可以得出未标准化的回归方程式如下：

$B=11.479-0.033\times O+0.096\times K+0.014\times A+0.373\times W+0.212\times H+0.199\times SO+0.101\times SC+0.091\times SW$

标准化回归模型如下：

$B=-0.028\times O+0.064\times K+0.007\times A+0.203\times W+0.127\times H+0.088\times SO+0.049\times SC+0.040\times SW$

从标准化回归模型中可以看出，重要性相对较高的预测变量是作为意志的技术与技术的历史，其他变量对技术行为的影响均不大。作为人工物的技术的标准化回归系数为 -0.028，其对技术行为的影响为负向，其余预测变量对技术行为的影响均为正向。

八个预测变量回归系数显著性检验的 t 值分别为 $-0.831(p=0.406>0.05)$、$1.672(p=0.095>0.05)$、$0.159(p=0.874>0.05)$、$4.555(p=0.000<0.05)$、$2.515(p=0.012<0.05)$、$1.729(p=0.084>0.05)$、$1.117(p=0.264>0.05)$、$0.979(p=0.328>0.05)$，回归达到显著的自变量有作为意志的技术、技术的历史，其余自变量均未达到显著。

表 3-12 技术理解的八个预测变量与技术行为的多元线性回归系数

模型	非标准化系数 B	标准误	标准系数 Beta 分布	t	Sig.	共线性统计量 TOL	VIF
常量	11.479	1.313	—	8.742	0.000	—	—
作为人工物的技术	-0.033	0.039	-0.028	-0.831	0.406	0.849	1.177
作为知识的技术	0.096	0.057	0.064	1.672	0.095	0.645	1.551
作为活动的技术	0.014	0.086	0.007	0.159	0.874	0.497	2.011
作为意志的技术	0.373	0.082	0.203	4.555	0.000	0.481	2.079
技术的历史	0.212	0.084	0.127	2.515	0.012	0.371	2.693
技术与社会	0.199	0.115	0.088	1.729	0.084	0.364	2.744
技术与科学的关系	0.101	0.091	0.049	1.117	0.264	0.492	2.033
技术的两面性	0.091	0.093	0.040	0.979	0.328	0.561	1.783

由表 3-13 可知,技术理解可解释高中通用技术教师的技术行为 18% 的变异量,F 值为 182.868($p<0.001$),说明回归模型达到显著性水平。该模型中,标准回归化系数为 0.424,整体上来说,高中通用技术教师的技术理解对技术行为有正向影响,技术理解的得分越高,其技术行为越积极,高中通用技术教师的技术理解与其技术行为存在显著正相关,得到检验,H4c 假设成立。但从技术理解的八个预测变量对技术行为的回归模型,我们进一步发现:高中通用技术教师对技术人工物的理解愈局限,其技术行为却越积极正向;高中通用技术教师对作为意志的技术理解越深刻、越能够用辩证的眼光看待技术历史,其技术行为越积极正向;教师对技术作为知识与活动的形状认知水平高、能准确把握技术与科学的关系、理解技术在社会中的作用,认识到技术的两面性,那么其技术行为将是积极正向的,但技术行为受到影响的程度甚小。

表 3-13 技术理解与技术行为的多元线性回归分析

	未标准化系数		标准系数	t	Sig.	共线性诊断	
	B	标准误	Beta 分布			TOL	VIF
常量	12.330	1.243	—	9.917	0.000	—	—
技术理解	0.131	0.01	0.424	13.523	0.000	1.000	1.000
R^2 更改	0.180							
F 值	182.868							
Durbin-Watson	2.006							

第四节 技术态度的中介作用检验

本章前三节表明,高中通用技术教师的技术理解对其技术行为有显著影响,技术理解对技术态度呈现显著影响,技术态度对技术行为呈现显著影响。但是,技术理解对技术行为产生的影响到底是由其自身来实现还是通过技术态度来实现的呢?这是本节对技术态度的中介作用展开讨论的原因。

技术态度的中介作用检验可采用 Baron 等提出的因果逐步回归的方法。Baron 等(1986)指出,中介变量是自变量对因变量发生影响的中介。如果自变量(X)通过影响变量(M)来影响因变量(Y),则称 M 为中介变量。本书试图探求高中通用技术教师的技术态度(M)在技术理解(X)与技术行为(Y)之间的中介效应。

如图 3-1 所示,c 是技术理解(X)对技术行为(Y)的总效应,ab 是经过中介变量——技术态度(M)的中介效应,c' 是直接效应,e_1、e_2、e_3 分别是对应模型的误差项。当仅有一个中介变量时,$c=c'+ab$,且中介变量和因变量都为连续变量,可通过 Baron 等(1986)提出的因果逐步回归进行分析。中介作用分为部分中介和完全中介作用两类,部分中介是指技术理解(X)对技术行为(Y)的影响依靠其自身与中介变量——技术态度(M)一起实现,完全中介是指如果控制了中介变量——技术态度(M),技术理解(X)对技术行为(Y)无影响。

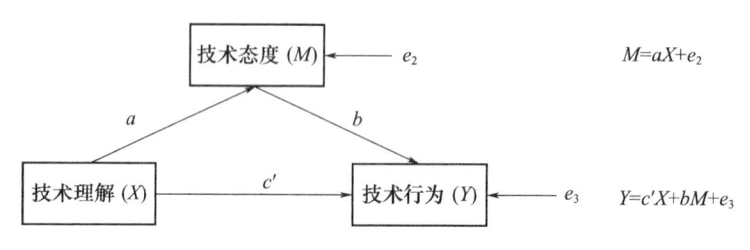

$Y = cX + e_1$

$M = aX + e_2$

$Y = c'X + bM + e_3$

图 3-1　中介变量技术态度(M)示意图

检验技术态度是否有中介作用的程序如图 3-2 所示,依次检验系数 c,如呈现显著,再依次检验系数 a、b,若 a 和 b 都呈现显著,则检验系数 c' 以判断是否为部分中介或完全中介。第三节中技术理解(X)与技术行为(Y)的标准回归系数 c 为 0.424 且显著,技术理解(X)与技术态度(M)的标准回归系数 a 为 0.178 且显著,在这个前提下可以考虑中介变量—技术态度(M)的效应检验(温忠麟 等,2004)。

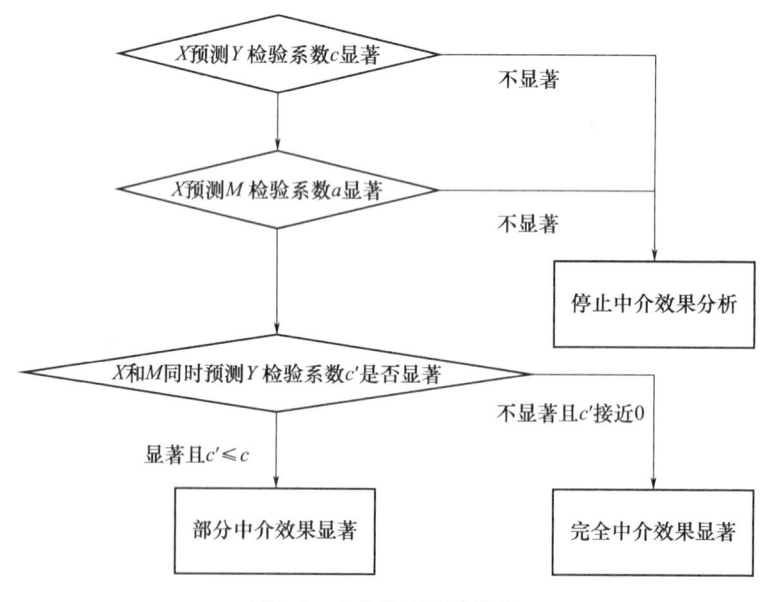

图 3-2　中介效应检验流程

根据上述流程,检验结果如表 3-14 所示。

表 3-14　高中通用技术教师的技术态度中介效应检验

序号	标准回归方程模型	系数值	回归系数检验	
1	技术行为＝0.424×技术理解	$c=0.424$	$SE=0.01$	$t=13.523(p<0.001)$
2	技术态度＝0.178×技术理解	$a=0.178$	$SE=0.04$	$t=5.229(p<0.001)$
3	技术行为＝0.340×技术理解 ＋0.473×技术态度	$c'=0.340$ $b=0.473$	$SE=0.008$ $SE=0.007$	$t=17.422(p<0.001)$ $t=17.294(p<0.001)$

结果显示,系数 c 和 a 都呈现显著,c' 值为 0.340,小于 c 值(0.424),说明高中通用技术教师的技术态度的中介作用是存在的且具有部分中介作用。技术理解对技术行为产生的直接效应量为 0.340,通过中介变量——技术态度产生的效应量为 0.178×0.473,即 0.084。据此,高中通用技术教师的技术态度在技术理解与技术行为之间具有部分中介作用,H4d 假设成立。因此,高中通用技术教师的技术理解可直接影响技术行为,也可通过技术态度来影响技术行为。

第四章 技术理解、技术态度与技术行为的结果分析

对高中通用技术教师的技术理解、技术态度与技术行为开展调查研究不仅仅是为了了解真实情况,更关键的是要将调研中发现的问题逐一分析与反思,探寻研究结论背后的深层次矛盾,推动问题发现向问题解决的成果转化。本章首先对研究结论进行系统梳理,对高中通用技术教师的技术理解、技术态度与技术行为的测量体系进行反思讨论,结合相关文献解释其整体现状、个体差异和作用关系发生的可能原因。

第一节 研究结论

一、技术理解、技术态度与技术行为量表的开发与验证

《心理测验管理条例(试行)》(中国心理学会,1994)指出,心理量表的应用价值与它的科学性和严密性密不可分。若编制者全然不顾其科学性与严密性,其自身信效度降低的同时,也会给社会和使用者带来一定的危害。本书中用于测量我国高中通用技术教师的技术理解、技术态度与技术行为量表遵循了测验项目编制的合法程序,根据测验内容和多种理论依据,凭借多位专家的经验完善测试题项,利用探索性因素法、验证性因素法、内部一致性信度测试等相关统计方法对项目进行检测和编排,编制出了一套既有理论依据,又可操作、具有代表性和实用性的测试题项。下面,本节将从3份量表开发的科学性、验证过程的严密性、结论结果的合理性这三个方面进行陈述。

(一)量表开发的科学性

根据马惠霞等(2007)对测验题项编写的科学性思考,本书从以下三个视角论述3份量表的科学性。

1. 题项的选定依据

通过对相关研究的现状进行分析,结合社会与时代需求,本书明确了对我国高中通用技术教师的技术理解、技术态度与技术行为现状及作用关系展开调查的缘由

与目标,编制的 3 份量表既响应时代需要,又具备一定的学术创新。其中,技术理解量表用于对技术本质理解程度的测量,技术态度量表是对观念、想法、情感、行为倾向的预测,技术行为则是由诸多要素构成,以整体为特征,对某几类具体的行为操作进行全面评估,3 份量表的测量目标清晰明确。此外,3 份量表具有明确的测验对象,即我国高中通用技术教师,故题目的设计均是处于中国高中通用技术课程的语境之下,尤其在技术态度与行为量表设计时,充分考虑了高中通用技术课程的内容、教学活动的特点。再者,3 份量表的测量用途在研究缘由中已经揭示,用于促进高中通用技术课程发展、高中通用技术教师专业发展、技术教学成效提升等。因此,本书在题项选定之前,早已明确了测量的目标、问题、特定对象及特点、测验用途等。

2. 题项的理论来源

技术理解量表的编制从米切姆(2008)的技术哲学、技术发展史、教育学、社会学的视角出发,结合技术的特有属性,分别从作为人工物的技术、作为知识的技术、作为活动的技术、作为意志的技术、技术的历史、技术与科学的关系、技术的两面性、技术与社会这八个维度去地阐释技术的本质,项目的编写采用"向真"的理论演绎,从理论中演绎提炼而来。

技术态度量表的编制在参考态度学习理论、期望价值理论、内隐与外显态度、态度—行为过程模型、认知失调与平衡理论、态度表征理论的基础上,阐释了态度的发生机制、形成过程以及外在联系,借鉴 Vanaalderen-smeets 等(2012)对态度维度的划分,将态度视为由认知、情感和行为控制这三个相互影响、相互作用的维度构成,且题项部分改编于 Asma 等(2011)和 Nordlöf 等(2017a)对技术教师的访谈内容和题项,剔除了因文化差异不适合我国高中通用技术教师的题项。

通过分析知与行、态度与行为的关系,依据理性行为理论与计划行为理论,本书确定了技术行为量表题项设计的原则与方法,给出了行为的操作性定义与构成要素。技术行为量表的题项内容是对技术态度维度的高度提炼。因此,上述 3 份量表的理论来源皆是有据可依。

3. 题项的取舍方法

3 份量表中的题项均参考了 8 位来自海内外的专家与一线教师对题项的修改建议,采用因素分析方法对项目进行取舍。结果显示,理论构念与因素分析法得出的构念并无矛盾,这从根本上保证了理论层面与技术层面的一致性,验证了量表开发的科学性。

(二)量表验证的严密性

1. 可靠的前测

由于技术态度量表不像技术理解量表那样遵循了"向真"的逻辑演绎。因此,本书对技术态度量表进行了前测,以便后续技术行为量表的编制。在前测中,技术态度量表具有较好的信效度。

2. 科学的样本抽取

正式问卷的样本采用随机分层抽样的方法进行抽取。本书根据实施的可行性与易行性,分别选择省会城市和经济状况偏差的市辖区开展正式问卷的调查。被抽样的个体相互独立的,被抽中的概率是均等的,被抽样的总人数为977人。

3. 严格的信效度检验

3份量表均通过了内部一致性信度检验,其信度系数皆大于0.6,说明量表是可靠的。此外,3份量表均通过了内容效度与建构效度的检验,题项内容均得到了质量上的保证,其理论构面与实证构面保持一致,各项指数皆达到统计标准。

(三)假设结论的合理性

3份量表实证研究得出的维度与理论演绎得出的结论形成了一致,具体如下。

其一,技术理解量表由八个维度构成,分别为:作为人工物的技术、作为知识的技术、作为活动的技术、作为意志的技术、技术的历史、技术与社会、技术与科学的关系、技术的两面性。

其二,技术态度量表由七个维度构成,分别是:重要性、困难性、性别信念、愉悦感、焦虑感、自我效能感、外部资源依赖。

其三,技术行为是单维的,是对各技术态度维度的高度凝练。

综上所述,技术理解、技术态度与技术行为量表的开发与验证过程是合情、合理、合乎程序的,既具备理论的高度,又具备实际的应用价值。

二、高中通用技术教师对技术的理解、态度与行为现状

(一)高中通用技术教师的技术理解水平

高中通用技术教师对作为人工物的技术认可度较低且存在分歧。这说明技术作为人工物的分类、特征属性、外在表现形式仍未被高中通用技术教师完全理解,尤其是将互联网视为一种技术,多数教师在接受后续访谈时表示不认同。其原因是高中通用技术教师多将可触可感的实物视为技术,将虚拟的因特网排除在实体技术范畴以外,这种理解显然是狭隘的。

高中通用技术教师对作为知识的技术认可度较低且存在分歧,这说明他们尚未完全认同技术知识具备明言性和默会性这两种属性,不能够很好地理解技术作为知识存在于设计、装备、制造等活动形态中,忽视了技术知识所具备的知识论、方法论、实践论层面的意义。因此,高中通用技术教师对作为知识的技术的理解尚是狭隘的。

高中通用技术教师对"技术作为中介呈现人与世界的关系""人类的文明史是技

术的演变史""与科学不同,技术实施应将社会利益考虑其中"的理解不够深入。可见,高中通用技术教师在技术与人类的解释关系、技术史与人类文明史的关联、技术与科学的关系在成果转化上的差异等层面上,仍需进一步深入理解其中的意蕴。

高中通用技术教师对米切姆(2008)的四种技术类型的划分认可度相对较低,一方面是因为技术哲学晦涩难懂,即使在实际生活中会无意识地提及,也难以用技术哲学的思维去总结和凝练;另一方面是由于他们的技术哲学素养相对不高。高中通用技术教师不仅要着眼于具体的技术事件或技术实例,更要用辩证的眼光去挖掘提炼其内在价值,总结其中规律与发展趋势。

高中通用技术教师对作为活动的技术、作为意志的技术、技术的历史、技术与社会以及技术的安全性问题理解较深入。这说明他们对技术活动的表现形式、人与技术的相互作用关系、历史视角下技术的存在价值与意义、技术安全意识等有着深刻的理解。

(二)高中通用技术教师的技术态度概况

高中通用技术教师在重要性维度上的得分较高且标准差较小,这表明他们能够较为一致地意识到教授技术类课程的重要性,将技术类课程置于与其他课程同等的地位,能明确技术类课程知识对学生未来发展的重要性与必要性。

高中通用技术教师在困难性维度上的得分欠佳且标准差较小,这表明他们较一致地认为:相对于其他课程,准备与教授该课程是有难度的,对新手教师来说是有困难的。

高中通用技术教师在性别信念维度上的得分欠佳且标准差较大,这表明他们对两性在技术教学或学习上的表现持有不同的意见,但在整体上持有男性在技术教学和学习上优于女性的观点。

高中通用技术教师在愉悦感维度上的得分较好且标准差较小,这表明他们在准备、教授技术类课程中普遍愉悦感较高。

高中通用技术教师在焦虑感维度上的得分欠佳但标准差较大,这表明他们在教授和准备技术教学中存在焦虑情绪,且个体差异较大。

高中通用技术教师在自我效能感维度上的得分较高且标准差较小,这表明他们普遍上是有信心去开展和理解技术教学,并认为有能力处理好学生在课程中遇到的困难。

高中通用技术教师在外部资源依赖维度上的得分欠佳,这表明他们深感缺乏学校领导、同事在课程内容上的支持与精神层面的鼓励。

(三)高中通用技术教师的技术行为现状

高中通用技术教师较为一致地表示:会尽最大努力让学生对技术持有积极态度、帮助学生克服学习技术课程的困难、鼓励学生自主解决技术难题。但在为技术课程寻找学校领导支持、在授课中放轻松、对男生和女生一视同仁中表达的行为倾向却不算强烈，且不同人群存在着显著的行为差异。

三、高中通用技术教师个人基本属性对技术理解、态度与行为的影响

通过独立样本 T 检验和单因素方差分析，我们从以下三方面给出基本结论。

(一)高中通用技术教师个人基本属性对技术理解的影响

性别不同，高中通用技术教师的技术理解存在显著差异。总体而言，男性教师对技术本质的理解好于女性教师，尤其表现在对作为知识的技术、作为活动的技术、技术的历史、技术与社会、技术与科学的关系等维度的认识。

教龄不同，高中通用技术教师的技术理解不存在显著差异。但是，在作为活动的技术和作为意志的技术两个维度上，表现出教龄不足 1 年的教师的得分显著低于其他教龄段教师的趋势；11~15 年教龄的技术教师对作为活动的技术理解得分显著低于 1~5 年教龄的教师得分，1~5 年教龄的技术教师对作为活动的技术维度的理解能力最佳。在作为意志的技术维度上，1~5 年教龄的技术教师的理解能力最佳，15 年以上教龄的技术教师的理解能力较弱且显著低于 1~5 年教龄技术教师在此维度上的得分。

培训次数不同，高中通用技术教师的技术理解不存在显著差异，但在作为意志的技术维度上呈现出受培训次数越多、理解力越佳的趋势。

职前专业不同，高中通用技术教师的技术理解不存在显著差异。

学校所在区域不同，高中通用技术教师的技术理解存在显著差异。差异主要表现在：学校在市区的教师在作为意志的技术维度上的得分显著高于县城的教师；在技术理解的整体维度上，县城的教师对技术的理解力明显欠佳，乡镇的教师相较于市区与县城的教师对技术的理解更为深入。

(二)高中通用技术教师个人基本属性对技术态度的影响

性别不同，高中通用技术教师的技术态度存在显著差异。男性教师在困难性、愉悦感、焦虑感、自我效能感、外部资源依赖维度上的表现好于女性教师，但在性别信念维度上，男性教师相对女性教师在技术教学方面有着较为显著的性别刻板印象。

教龄不同，高中通用技术教师的技术态度不存在显著差异，但在焦虑感、自我效能感、外部资源依赖维度上存在显著差异。在焦虑感维度上，教龄在 15 年以上的教师相对其他教龄的教师，不容易产生焦虑感；整体趋势呈现为教龄时间越长，教学焦虑感越少。在自我效能感维度上，教龄长达 15 年以上的教师相较于教龄在 6~10 年的教师在技术教学中有着较为显著的自我效能感。在外部资源依赖维度上，教龄为 1~5 年的教师相较于 6~10 年、15 年以上教龄的教师，认为能从学校领导、同事那里得到更多的外部支持，6~10 年、15 年以上教龄的教师对外部支持的感知相对欠佳。

培训次数不同,高中通用技术教师的技术态度存在显著差异,其差异主要体现在重要性、愉悦感、焦虑感、自我效能感、外部资源依赖这几个维度上。呈现出受培训次数越多,技术态度越积极,对技术类课程越重视、教学愉悦感越强、焦虑感越少、教学自我效能感越佳、感知到的外部支持越多的倾向。

职前专业不同,高中通用技术教师的技术态度存在显著差异,其差异主要体现在愉悦感、焦虑感、自我效能感这三个维度上。专业为其他、工学的教师的技术态度较为正向,他们享受教学,不易产生焦虑感,有着较高的教学自我效能感,职前专业为教育技术学、计算机科学与技术、教育学(学科教育)、物理学的教师却持有消极态度,在愉悦感、焦虑感、自我效能感三个维度上的表现欠佳。

学校所在区域不同,高中通用技术教师的技术态度存在显著差异,其差异主要体现在性别信念维度,市区的教师相较于县城和乡镇的教师,不易产生性别偏见和刻板印象,且有着较为积极的技术态度。

(三)高中通用技术教师个人基本属性对技术行为的影响

性别不同,高中通用技术教师的技术行为不存在显著差异。

教龄不同,高中通用技术教师的技术行为不存在显著差异。

受培训次数不同,高中通用技术教师的技术行为存在显著差异。呈现出接受的培训次数越多、技术行为越积极正向的趋势。

职前专业不同,高中通用技术教师的技术行为存在显著差异。呈现出专业为其他、教育学、工学、机械工程的教师在技术行为上有着积极的表现,专业为文学、教育学(学科教育)、教育技术学的教师在技术行为上表现欠佳。

学校所在区域不同,高中通用技术教师的技术行为存在显著差异。呈现出市区的教师在技术行为上的得分显著高于县城教师得分的趋势。

四、技术教师的技术理解、技术态度与技术行为的关系

通过多元线性回归分析技术理解、技术态度与技术行为的关系,本书有以下四方面的基本结论。

(一)技术理解对技术态度的影响

高中通用技术教师的技术理解对技术态度有显著正向影响。

高中通用技术教师在作为人工物的技术、技术的两面性两个维度上的理解力对技术态度有着显著负向影响。

高中通用技术教师在作为意志的技术、技术与社会两个维度上的理解力对技术态度有着显著正向影响。

高中通用技术教师在作为知识的技术、作为活动的技术、技术的历史、技术与科学的关系四个维度上的理解力对技术态度有着正向影响,但效果并不显著。

高中通用技术教师对技术教学的重视程度受到他们对作为活动的技术理解水平的负向影响,以及对作为意志的技术和对技术的历史理解水平的正向影响。

高中通用技术教师在技术教学的困难感知受到他们对作为人工物的技术、技术的历史、技术的两面性理解水平的负向影响,受到对作为活动的技术理解水平的正向影响。

高中通用技术教师在技术教学中性别信念不受技术理解中任何一个预测变量的影响。

高中通用技术教师在技术教学中的愉悦感受到他们对作为意志的技术理解水平的正向影响。

高中通用技术教师在技术教学中的焦虑程度受到他们对作为人工物的技术、技术的两面性理解水平的负向影响,以及对技术与社会关系认知水平的正向影响。

高中通用技术教师在技术教学中的自我效能感受到他们对作为知识的技术、作为意志的技术理解水平的正向影响。

高中通用技术教师对技术教学中外部环境支持的感知受到他们对作为意志的技术理解水平的正向影响。

(二)技术态度对技术行为的影响

高中通用技术教师的技术态度对技术行为有显著正向影响。

高中通用技术教师越认为技术课程是困难的、焦虑感越强,他们的教学行为越不积极正向。

高中通用技术教师越重视技术课程、摒弃技术教学中的性别刻板印象、在教学中能感受到愉悦、对技术教学有着较高的自我效能感、对外部给予的支持感知越多,他们的技术行为则越积极正向。

高中通用技术教师在技术教学中的愉悦感是促进其技术行为正向发展的重要影响因素。

(三)技术理解对技术行为的影响

高中通用技术教师的技术理解对技术行为有显著正向影响。

高中通用技术教师的技术行为受到他们对作为人工物的技术理解水平的显著负向影响。

高中通用技术教师的技术行为受到他们对作为意志的技术、技术的历史理解水平的显著正向影响。

高中通用技术教师的技术行为虽受到他们对作为知识的技术、作为活动的技术、技术与科学的关系、技术与社会、技术的两面性理解水平的正向影响,但效果并不显著。

(四)技术理解、技术态度与技术行为三者的关系

高中通用技术教师的技术态度在技术理解与技术行为之间具有部分中介作用。

第二节 研究结果讨论

一、对测量体系的思考

(一)对理论框架的反思

1. 对整体理论框架的反思

本书将我国高中通用技术教师的技术理解、技术态度与技术行为视为三个独立且相互影响的变量,未曾寻找一个系统化的理论框架来加以审视。Ankiewicz(2019b)反思认为:学生的技术理解与技术态度测量体系与米切姆(2008)的四重技术哲学框架存在一定的相似,即米切姆(2008)的技术哲学分类可为学生的技术理解与技术态度提供强有力且系统化的理论支撑。她指出,作为知识的技术与作为意志的技术属于认识论层面,作为知识的技术可对应于技术态度中的认知成分,作为意志的技术可对应于技术的情感成分;作为活动的技术属于方法论层面,可对应于技术行为成分;作为人工物的技术属于实体论层面,认识论层面的两类技术可作为方法论层面中作为活动的技术之前提,从而形成作为人工物的技术,即对技术的认知与对技术的情感可作为技术行为的绝对前提,三者产生合力形成技术人工物。据此,Ankiewicz(2019b)的反思为本书赋予了新视角。

(1)米切姆对技术的四种分类为本书中3份量表的开发提供了系统的理论支撑

仿照Ankiewicz(2019b)的研究,在米切姆(2008)的技术哲学框架中审视3份量表的整体性与系统性是可能的。我们将高中通用技术教师的技术理解(认识论层面)与技术态度(认识论层面)视为技术行为(方法论层面)的重要前提,从而产生技术人工物(实体论层面)。与Ankiewicz(2019b)研究结论不同的是,本书中3份量表的开发必须是独立的,不可将它们糅合于一体,如此才能对应米切姆的技术哲学框架。因此,此处米切姆对技术的四种分类已不再是单纯的技术形态,它已上升至认识论、方法论、实体论的哲学地位。

(2)技术理解、技术态度、技术行为量表与米切姆技术哲学框架进行叠加是合理的

数据显示,技术态度在技术理解与技术行为之间具有部分中介作用,技术理解可直接作用于技术行为,也可通过技术态度作用于技术行为,该模型的假设与米切姆(2008)提出的技术四种模式关系图呈现高度一致性,叠加后的关系模型如图4-1所示。

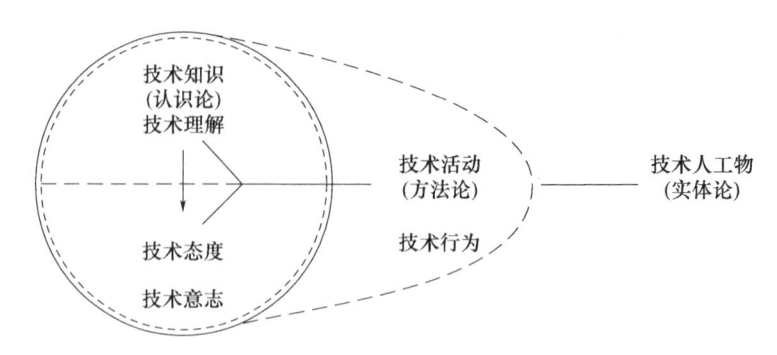

图 4-1 技术理解、技术态度与技术行为关系模型和米切姆技术哲学框架叠加图

如果说技术理解与技术态度是影响高中通用技术教师认识技术的两个内部因素，那么技术行为则体现在高中通用技术教师受到这两个内部因素作用后，呈现的与技术、技术教学相处之道，它既是影响人与技术关系的外部因素，又是生成"技术人工物"的直接因素。此处的"技术人工物"不能再简单理解为具有某种功能的技术工具或产品，而是指在技术世界中人类的存在方式，如使用、管理、评价、设计技术的能力或素养，它体现的是"技术人工物"的深度实在性。因此，将技术理解、技术态度、技术行为量表与米切姆技术哲学框架进行叠加是合理的，它揭示了技术人工物的形成是运用技术知识、贯彻技术态度、实施技术行为的过程，遵循由认识论至方法论，最终走向实体论的路径。

2. 对 3 份量表理论框架的反思

技术理解量表的编制从哲学的、历史的、教育的、社会的视角去解读技术的本质，一方面有助于高中通用技术教师更好地理解技术是如何受到人类社会、经济、政治和文化的影响并呈现自身形态的，另一方面对技术教育提出了更高的要求：高中通用技术教育不仅应着眼于技术产品的创造、技术知识的传授、技术活动的设计、技术工具的使用，更应学会以辩证的、历史的、发展的眼光去审视技术，处理好人技关系。从技术理解的验证性因素分析模型上看，技术理解的八个维度呈现两两相关，这说明应从多个视角去理解技术，多方兼顾才能均衡发展。

技术态度量表的理论框架结构参考了 Vanaalderen-smeets 提出的科学教师的专业态度框架结构，研究对象虽不同，但专业态度的概念框架与内在成分一致。探索性因素发现，七个因素共解释方差累计为 64.642%，可见对高中通用技术教师专业态度的构成维度有待进一步挖掘。与 PATT 不同，高中通用技术教师的技术态度量表未曾将"对技术类职业的看法"纳入专业态度的调查范围中，但该因素在一定程度上影响了学生的技术态度形成，且学生对技术类职业的看法也易受到教师的影响，故后续在重新编制高中通用技术教师的技术态度量表时，可将"对技术类职业的看法"纳入。此外，本书中的态度为外显态度，并未考虑内隐态度的测量，后续研究将会把高中通用技术教师的内隐态度纳入整体技术态度中。技术行为量表的题项是依据技术态度理论框架进行总结性概括的,该框架与技术态度理论框架保持一致。

(二)对测量工具的改进

在研究态度时,性别是被研究得最多的变量之一(Potvin et al.,2014)。其主要原因在于不同的性别容易产生显著的差异,这种性别差异往往是研究者最为关心的话题。在技术态度量表中,性别信念维度上题项的因子负荷系数虽均大于0.5,其共同因素可用来解释题项变量的百分比大于16%,但仍存在与PATT-SQ相同的问题(Svenningsson et al.,2016),即题项表达无法过多揭示性别差异。其主要原因在于:第一,性别信念维度上的表达过于笼统,如题项B8:男生比女生更了解技术,此处的技术并未清晰地给出是何种分类的技术,若能有具体的指向性,如电力技术,那么统计的结果会更具价值与意义;第二,性别信念维度的题项表达均基于男性视角,这不免会对被调查者产生引导,暗示着"男性在技术教学与学习方面占主导地位"的回答。此外,当教师选择"非常同意"的回答时,或许并不意味着他们在技术教学上有着性别偏见,如当某些教师在B8题项上选择"非常同意",他们可能根据生活经验确实发现男生比女生更了解一些工业技术或军事技术。因此,后续研究会以更为中肯、中立的语言去重新陈述性别信念维度的题项内容。

二、对研究结论的解释

(一)高中通用技术教师技术理解的现状分析与解释

我国高中通用技术教师对技术的四种哲学分类认同度较低且存在分歧,对技术的历史维度、社会维度、教育维度、文化维度的认同感较高且较为一致。笔者结合后续对高中通用技术教师的访谈、高中通用技术课程标准及相关理论对上述研究结论做出分析与解释,得出了以下九个方面的原因。

1. 缺少对技术人工物本身的内在研究

在后续访谈中,询问高中通用技术教师是如何理解技术人工物时发现,多数教师认为"技术人工物是工具,具有某种功能性,可以摸得到、看得着,是为人创造,也为人使用的物品",这与A1选项中部分高中通用技术教师反馈的"互联网不能被称为技术人工物"相一致。足以见得,高中通用技术教师对技术人工物的形态结构与功能属性有着基本的理解,但仅限于技术人工物表面的物理结构和外在的功能属性等直观感受,缺少对技术人工物本身的内在研究,也未深入思考过技术人工物深度的实在性。高中通用技术教师将技术人工物视作为可感知、可触摸的实体,却不知只要从实质性物体上派生的都属于技术人工物的范畴,如此理解只会窄化了技术人工物的范围。

现有高中通用技术教师的培训旨在增强教师们的专业意识与学科归属感,提升技术课程教学能力(顾建军,2015)。这虽对教师的技术知识、技术能力、技术情感等方面提出了较高要求,看似将培养内容投向于教学知识点、教学能力及专业态度的形成,实则却使教师在无形之中陷入了为教而学的困境,失去了对技术本身的独立思考能力。从刘海林(2014)的观点得知,在高中通用技术课程授课过程中,教师过多地渲染了技术发明中的技术情感与价值观,却对技术发明本身以及如何创造技术发明不加以解释与反思。这种教学目标的偏差不单单是由教师个人理解不到位引起的,更有可能是教师专业发展中不曾强调技术人工物的本体论身份导致的。

2. 缺乏对技术设计者的身份认同感

柏格森(2001)指出:"人类在本质上是技艺人而不是智人。"这也就是说,人在制作技术人工物的同时,也在无形之间具备了人的本质。从普遍意义上讲,多数人在提到技术人工物时,习惯性将其视为物质实体,首先想到的是如何使用、管理与评价它们,甚少将其视为一个具有功能性与体现人类意向性的物体,对其材料属性、物理结构、潜在功能甚少关注。因此 A2、A3 题项不为多数高中通用技术教师所认可。技术人工物的物质性越被无限放大,其目的性则易被无端忽视。高中通用技术教师在技术教学过程中教授学生常用工具与基本设备的使用方法,帮助学生进行材料选择与产品装配,常以技术旁观者的角度切入,而忘却自己同时也具备了技术人工物设计者的身份,进而可以用逆向思维去反思和品味现有技术人工物背后隐藏的联动机制、结构原理,探究其能否很好地执行设计者的意图、实现设计者与使用者目的的统一。因此,高中通用技术教师对技术设计者身份认同感的缺失也是造成他们对技术人工物认同度低的原因之一。

3. 缺乏对技术知识形态及其实践转向的认识

技术知识作为知识的一种特殊形态是目前技术哲学家普遍达成的共识,但对于技术知识的类型划分仍处于讨论过程中。Hansson(2013)从创造和操作技术人工物的视角将技术知识分为四种类型,分别为默会知识、实用规则知识、应用自然科学和技术科学。上述四种技术知识的分类按照从实践向理论过渡的顺序进行排放,其中,技术默会知识和实用规则知识是通过实践呈现,应用自然科学与技术科学知识的阐明则通过理论解释。从研究结论中可以看出,A4 题项"菜谱中的烹饪方法是技术作为知识的例子"、A5 题项"经验丰富的汽车修理师通过听来识别发动机问题是一种技术"不被多数教师认可,是由于高中通用技术教师尚未形成从实践维度去审视技术知识的习惯,仅将技术知识视为陈述性、命题性的学科知识点,未能透视技术知识的默会性特征,对技术格言、法则、规则的应用即技术程序性知识、技术方法性知识、技术原理性知识缺少实践论层面上的考虑。其原因可能在于:首先,我国现有的普通教育课程体系以学科课程为主,想要改变以知识点讲解和灌输的授课方式,打破传统的技术教学模式,这对高中通用技术教师来说是一个极大的挑战;其次,高中通用技术课程在绝大部分地区已纳入高考或地方会考,面对升学压力与课程考核,传授技术陈述性和命题性知识在传统学业测评时效果更为显著,教学过程更加省时省力,且技术默会知识、技术程序性知识、技术原理性知识作为一种实践性的技术知识,在纸笔测验中较难命题,被忽视也是在所难免的;再者,受到以理论为导向的单薄认识论的影响,知识易被视作孤立的、与外在世界相隔离的研究对象,技术知识也无一例外。高中通用技术教师对技术知识的研究只着眼于其本身,全然不顾它在真实世界中的生成途径、获取方法与运用背景,忽视了技术知识的实践路径、实践价值与实践意义。

4. 缺少对技术知识方法论层面上的思考

"认识技术的知识,我们尤其要关注具有方法论意义的技术知识"(顾建军,2018a)。这与 Ryle(1945)提出 knowing-how(能力之知)与 knowing-that(命题性知识)两种类型知识的目的存有相似之处。knowing-how 是关于如何做某事的知识,与 knowing-that 有着本质上的区别:想要真正掌握一门命题性知识的前提是知道如何发现这个命题性知识,即具备如何做某事的知识(knowing-how),否则无法说明一个人拥有真正的命题知识,这也说明了 knowing-how 在逻辑上先于 knowing-that 的存在。高中通用技术教师对烹饪规范、汽车修理、发明电视中的技术知识不认可,实则是未在方法论层面上思考烹饪知识、修理知识与电视发明知识的使用、获取与应用。Ryle(1945)对此给出了解释:"多数人误将教育等同于传授知识,哲学家也并未对该错误给出明确指示。"Norström(2014)也对瑞典技术教师缺少技术方法论的认识给出了"学科背景造成技术认知差异"的解释,可为中国高中通用技术教师的技术理解现状提供启示:由于职前专业和学科背景各不相同,多数教师在职前所学专业为科学、物理、教育学等学科,随后才转行成为高中通用技术教师;在科学、物理、教育学等学科中的知识多为静态的、事实性的命题性知识,且技术一直被误解为科学的应用。因此,想要转变高中通用技术教师对技术知识的单薄认知,应尝试引导他们从方法论层面去审视技术知识,充分意识技术知识是技术认知与技术方法的辩证统一。

5. 认可了技术的活性特征

研究结论显示,我国高中通用技术教师将设计、制造、操作、维修、设计等活动行为视为技术,这不仅是对技术表现形式的认可,也是对技术活性特征的认同。顾建军(2018a)认为,技术的活性与人类的技术活动息息相关,技术的程序性、活动性、连续性、过程性等活性特征在人类创物、造物、用物、管物的过程中就显现得淋漓尽致。技术不仅是人类活动的产物、中介、行为表现,也反映人类的本质、力量与生命特征。没有体现活性特征的技术,宛如没有运动能力的人类,失去了本该有的生命力与朝气。绝大多数高中通用技术教师在谈到技术时,能将过程性的、动态的、实践性的行为动词与技术本身产生联想,这不仅是对技术特有活动方式的认可,也是对人类技术化的生存方式的肯定。我国《普通高中通用技术课程标准》指出,技术意识、工程思维、创新设计、图样表达、物化能力是通用技术课程五大学科核心素养,这五大学科核心素养蕴含了技术的多样化的活动过程,如技术问题的发现、技术活动的设计、技术方案的构思与创新、技术设计的创新、技术图样的表达等,这不仅要求教师进一步理解高中通用技术课程"以设计学习和操作学习"为主的课程特性,也强化了他们培养学生的技术设计、探究、测试、装配与创造能力的意识,形成了对技术的活性特征更为深刻的体悟与感受。

6. 肯定了技术的活动价值

从技术的生成结果来看,作为活动的技术体现了人与世界的相处之道,彰显了技术的活动价值。多数高中通用技术教师认为,作为活动的技术帮助使用者改变原有状态,这意味着技术活动作为载体,使人们从某一种状态进入另一种状态,在技术活动中完成了两种状态的转变。恰如在制造房子前与制造房子后,制造房子的活动帮助人类实现了从"无所居"至"有所依"的状态转变,它不仅制造出了房子这个客观对象,还改变了人类原有的生存状态,彰显了人与自然、人与社会的互动关系、改变关系、依存关系,这是技术作为活动的价值之一;其次,技术活动的过程体现了人类的实践智慧。想要完成某种技术活动,不仅需要修炼个人的技术、技艺与技巧,还需锤炼实践者的心智、创造力、想象力以及人格品质。对技术活动价值的认可,不仅是对技术改变物体原有状态的认可,更是对技术活动改变人类存在方式、丰富人类精神世界的价值认同。高中通用技术教师对技术活动价值的高度认同可归功于长达15年来通用技术教育教师和学者们对塑造健康技术课程文化的思考、对技术教育理念的探讨、对技术现代维度与教育价值的反思,而这些皆得益于国家科技兴国、高水平科技自立自强等一系列政策的引领作用。

7. 意识到了技术的人性内核

人类作为生产、创造、使用、管理技术的生物,根据个人意愿、动机、需求、渴望、意图赋予了技术不同的意志,如控制意志、效率意志、激励意志、功效意志等。多数高中通用技术教师认为,技术具有辅助人类完成任务、作为中介呈现人与世界关系、延伸人类能力的功能,这也就解释了技术的合目的性、意向性与自身逻辑性等人性内核。人类创造与发明的技术意图主要是为了满足自身需求,帮助人类处理各种事务,进而高效生活,这是技术目的性特质的体现。技术作为构建世界、认识世界的一种方式,是人类认识与改造世界的中介手段,其功能材料、结构设计皆承载了人类的意向,这是其意向性的体现。人类将目的性作用于技术时,技术功能可改变人类的能力范畴,则是技术自身逻辑性的体现。高中通用技术教师能够意识到技术的人性维度,归根结底还是他们能够对人性的本质有充分的认知。如何理解人就会如何理解技术,技术虽承载了人的意志,但其自我意志和自身逻辑并不会被无端抹杀掉。人虽可创造技术,但稍有不慎也会被技术所吞噬,唯有多视角、全方位地去看待技术的复杂性与社会性,作为意志的技术才能准确客观地传达人性的光辉之处。

第四章 技术理解、技术态度与技术行为的结果分析

8. 尚未厘清技术与科学的区别

少部分高中通用技术教师表示了对 A22 题项"与科学不同,技术实施应将社会利益考虑其中"的不认同,认为技术与科学都应将社会利益考虑其中。这些不认同的背后,实则是高中通用技术教师未能明确意识到技术与科学之间本质的差异。技术与科学作为两门独立的学科,在相互影响和渗透的同时,也存在着诸多区别。科学成果在乎真伪之分,技术成果却注重有效与无效之别;科学成果与知识可用于全人类共享,但技术成果的管理却相当严格,只允许在部分范围或群体中分享;科学是对客观事实的反映与陈述,而技术却属于人工过程的创造与控制,其实施务必遵守技术伦理规范、考虑社会利益。高中通用技术教师未能厘清技术与科学之间的区别,可能存在两方面的原因:第一,学界虽已将技术与科学视为两个独立的学科,但技术学科发展的历史较短,致使多数教师仍会持有"技术是科学的应用"的论调;第二,从基本结论中得出,我国高中通用技术教师的哲学素养水平普遍不够高,从哲学的观点来反思技术与科学的关系,从本体论、价值论和认识论等方面审视两者的区别,这对高中通用技术教师来说仍存在较大的困难。

9. 重点关注了技术的社会属性

张之沧(2009)认为,技术具备了自然属性与社会属性这两种基本属性,而技术的社会属性更能体现出技术的本质属性。从研究结论中我们发现,高中通用技术教师在技术的历史、技术与社会、技术与科学的关系、技术的两面性这四个维度的得分较高,可见他们着重关注了技术的发展史,技术对社会经济、政治、文化的影响与作用,技术与科学的关系、技术的两面性等方面。对技术的社会性能够准确把握的前提是要求技术教师树立一种全面的技术观,不能仅将技术抽象地看作人与自然、社会之间简单地征服与被征服、控制与被控制的线性关系,不能再将技术视为普遍意义上的技术,而应从历史视角、社会学视角、伦理学视角去全面地看待技术的存在。我国高中通用技术教师之所以能够把握技术的社会属性,其原因是对"技术体现了人的目的与意志,并指向人的需要"的认同,以及对"人"的本质的把握,人的本质是"一切社会关系的总和",只有思考清楚人的社会关系,技术的社会性才能得以展现和厘清。

(二)高中通用技术教师技术态度的现状分析与解释

我国高中通用技术教师在重要性、自我效能感、愉悦感维度上的得分较高且标准差较小,在困难性、性别信念、焦虑感、外部资源依赖维度上的得分欠佳。笔者通过对其他学科教师的专业态度现状、高中通用技术课程的学科性与开设背景展开分析,总结出了以下七个方面的原因。

1. 技术课程的价值结构得到了认可

技术作为我国普通高中课程结构的八大学习领域之一,与语文、数学等基础学

科享有同等重要的地位。我国《普通高中通用技术课程标准》指出,技术作为人类文明的有机组成部分,是经济发展和社会进步的重要推动力量。高中技术课程的出现有效衔接并修补了九年制义务教育中信息技术和劳动与技术课程的内容,其实践性、综合性、创造性、科学与人文的融合性对学生技术素养的发展、全面人格的培养有着重要作用。然而,目前在中小学阶段并未开设独立的技术课程,信息技术和劳动与技术课程仅涉及了部分的技术内容,致使基本的技术知识、技术能力、技术思维和技术态度严重缺失,且中小学阶段过度关注认知科目的学习,致使学生实践能力与创新能力薄弱、身体与心智的发展失调。高中通用技术教师对在中小学阶段开设技术类课程并将其作为一门必修课,与数学和英文课程置于同等地位的做法表示赞同,这背后恰好说明了高中通用技术教师对技术类课程价值结构的认同:技术类课程的设立有利于学生素养的构建,有益于学生的个性发展,有助于学生快速适应技术社会,有助于学生提高实践能力与创新能力,有利于学生建构完整的知识体系。这种对技术课程价值认同感的背后蕴含着高中通用技术教师对现有中小学课程体系的反思,对提高学生技术素养的殷切期望,对构建独立的中小学技术课程体系的满腔热情。此外,高中通用技术课程的开设价值在南京师范大学技术教育研究所2010年做的全国普通高中通用技术实验现状调研报告中也得到了相应教师与领导的肯定。

2. 技术学科具有复杂性和特殊性

从研究结论可知,教授技术类课程的困难性在于其学科本身具有一定的复杂性和特殊性。技术类课程的复杂性体现在:第一,技术定义甚广,包含信息技术、设计技术、材料技术、建筑技术、烹饪技术等各类技术,涉及计算机、材料、加工、装配、设计、包装等多方面的技术知识与技能,从知道、理解、应用、分析、综合至运用,都对教师的教学知识与能力提出了较高的要求;第二,技术类课程目标体系不同于语文、数学等认知性科目,它要求学生通过一定的技术实践形成技术知识、技术能力、技术情感、技术思维、技术观念上的改变,即形成正确的技术观、理解技术文化、掌握技术知识与方法、具备一定的技术能力等,这些目标体系是抽象且概括的,如何落实并将这些目标具体化,将其渗透于技术活动与实践中,对高中通用技术教师来说,尤其是新手教师,是相当困难的;第三,不同学科背景的教师形成了我国专兼职结合的高中通用技术教师队伍(顾建军,2015),本书调研对象中教育学、教育技术学、计算机与科学技术专业背景的教师占据了一大半人数,他们可能对教学方法与手段、信息技术、计算机技术等内容有所理解,但对电子、材料、工艺、机械、装配、制图等内容不甚了解,增加了课程教学与实施的难度。技术类课程的特殊性在于教学实施的特殊性与课程体系的特殊性。与其他认知性科目教学实施只需考虑教材、学生等因素不同的是,技术教学实施过程须将场地、材料、设备、人员配置、安全措施等因素都考虑其中,影响其教学实施进度的不仅是教与学的内部因素,外部因素的影响作用更大,其不可控性更高,给技术教学带来了一定的困难;高中通用技术课程并非像语文、数学、历史等课程能具备内容与逻辑上的连贯性,相反,它的课程内容极易出现断层。学生在义务教育阶段学习的技术知识、掌握的技术能力过于狭隘,以致在高中阶段面对复杂多样的技术内容时会出现手足无措的现象,给教师增加了一定的教学难度。

3. 两性在技术视角上存在显著差异

Vanrensburg 等(1999)对南非男女学生技术态度调查时发现,女生认为男生在技术学习上比自己更在行。该结论与本书的结论存在相似之处:女性在技术学习或教学中的自我形象较为消极。结合相关文献分析,笔者认为其中的原因与两性看待技术的视角差异有关。Brunner 等(1997)通过研究发现,女性对技术的态度取决于技术的社会功能,而男性对技术的态度却取决于机器本身,若对技术的研究多强调于它的社会性功能,而不只关注于创造、发明、改进技术的活动,那么女性对技术的态度会提升很多。我国高中通用技术课程多关注于技术本身,这点从学科核心素养中可以得知:在提倡形成良好的技术意识的同时,更重视针对某一技术领域形成工程思维、具备创新设计、图样表达与物化能力,这些学科素养都要立足于技术实践与创造才得以具备。因此,根据 Brunner 等(1997)的研究结论,男性易持有浓厚的技术兴趣与较为正向的技术暗示,女性则可能产生较为消极的技术暗示。此外,Wajcman(2010)认为,"谈起技术,多数人首先会想起工业机械、军事武器、战争工具,而忽视了日常生活中常用的技术工具与产品",这也就意味着多数人定义技术时都是从男性视角来看待的,如此便造成两性在技术教学中的性别刻板印象。

4. 技术和教学赋予高中通用技术教师愉悦感

Wright 等(1998)通过对 323 名技术教师教学愉悦感的影响因素开展调查后发现,学习与使用新技术带来的愉悦感是技术教学愉悦性的首要因素,其次分别是可以使学生生活有显著的变化,能享受与学生技术教学的过程,可以自由地开发课程、设计活动与课程,进行技术教育上的动手实践,以及与学生一起参与技术问题解决与活动设计。可见,高中通用技术教师的教学愉悦感与师生关系、技术课程内容有着较大的关联,技术和教学赋予了我国高中通用技术教师愉悦感。

5. 高中通用技术教师的专业化水平不一

从前期调查得知,多数高中通用技术教师皆为改行任教。虽然教育学、物理学、教学技术学、机械工程、电子科学技术等学科与高中通用技术课程的部分知识点存在共同之处,但受学科背景的限制,想要全面把握教学内容的知识点,深刻理解学科的核心素养,对改行任教的高中通用技术教师来说还是有很大的难度。此外,仍有 17.1% 的教师未参加过与高中通用技术课程内容相关的培训,缺乏专业化培训,单靠教师个人的力量解决教学过程中出现的问题是相当困难的。因此,高中通用技术教师专业知识的欠缺、专业化水平不一是教师产生焦虑感的重要因素。

6. 实现了技术学科内容知识向教学内容知识的转化

Kind(2009)访谈 71 位科学教师发现,超级自信的教师能够教授任何科学的知识点并正确合理地选择教学策略,尽早地意识到从技术课程内容知识向教学内容知识转变的必要性。我国高中通用技术教师在教学过程中的焦虑感较低,能够较为准确地理解技术课程内容知识并顺利开展技术课程设计活动,这也就意味着多数高中通用技术教师对学科内容知识的掌握较为扎实。Kind(2009)认为,专业学科背景的不同致使某些教师对课程内容仍心存担忧,但不妨碍他们将学科内容知识向教学内容知识顺利转化,其原因是教师拥有良好的学术能力去更新知识同时获取同事的帮助。基于上述分析,我们可以推测:我国高中通用技术教师对教学能力的自信源自于对技术学科内容知识的把握。

7. 仍未摆脱技术教学中的诸多"寄托"

我国高中通用技术教师深感缺乏来自教育部门、学校领导以及同事的支持,对外部资源有着较强的依赖。顾建军(2015)认为,此种现象是因为我国高中通用技术课程实验过程中仍未摆脱对教育行政部门领导对技术课程重视程度、专业支持与建设,以及专业资金和物质投入的寄托。这些"寄托"看似是对高中通用技术课程资源建设的美好期待,实则会成为高中通用技术教师"不作为"行为与教学懈怠的借口,影响教师技术、教学态度的形成。刘海林(2014)认为,可用于技术教学的素材资源无处不在,教师应具备发现地方教学资源的慧眼、开发地方特色技术课程的意识,将技术教育回归到真实生活世界,如此才能摆脱技术教学中的诸多"寄托",减少对外部环境与条件的依赖。

(三)高中通用技术教师技术行为的现状分析与解释

根据上述结论,笔者对我国高中通用技术教师的整体技术行为给出以下解释。从研究结论中可以看出,我国高中通用技术教师的技术行为与技术态度有着较高的一致性。高中通用技术教师在行为方面也表现了较高的自我效能感,这是对学科相关知识与教学内容知识的自信,也是作为高中通用技术教师的教育责任使然。但是,由于缺少对高中通用技术课程建设的责任担当以及对外部资源的依赖,高中通用技术教师并不愿意主动寻求学校领导的支持,而是选择"坐等"被动接受他人的帮助。其次,技术态度中的性别信念得分欠佳,导致了高中通用技术教师在技术行为中对男生和女生一视同仁的意愿并不强烈。

(四)个人基本属性对技术理解影响的分析与解释

整体而言,我国高中通用技术教师的技术理解仅在性别、学校所在区域这两个因素上产生了显著的差异。但从个别维度发现,教龄、培训次数、学校所在区域的不同造成了高中通用技术教师在作为意志的技术维度上的理解差异,而教龄的不同造成了高中通用技术教师在作为活动的技术维度上的理解差异,可能的解释为以下几点。

1. 性别刻板印象导致的技术理解差异

Sanders(2005)认为,性别偏见在许多方面都影响了女性的选择,尤其是在技术学习方面。Makrakis(1992)也指出,一个有着性别偏见的社会导致了女性在选择兴趣爱好时(如计算机技术)受到了性别刻板印象的制约。这也就是说,女性的性别刻板印象在某些学科领域、具体工作情境中限制了其认知与行为的发展,造成了女性在完成某一项任务中受到了性别刻板印象的威胁。刻板印象威胁是指个体处于一种验证自己所属群体消极刻板印象的风险时,因担心自己会验证这种消极刻板印象,表现出个体对该领域的认知下降、否定认同与解离(杨素真,2018)。性别刻板印象威胁则是指人们在受到男性和女性消极刻板印象的威胁下,在具体的情景下所表现出来的与性别相关的负向表现或消极认知。

"男主外、女主内"的观念作为现在普遍存在的性别刻板印象,不只体现在生活中,在学习领域中也有所体现。Steele 等(2006)发现,女性会根据他人的性别刻板印象将自己的职位多设于人文社科领域而不是工程与技术领域。当学生被过分强调女性这个性别角色时,"女性不擅长数学"这种刻板印象就会被激活,致使女性产生性别刻板印象威胁,在数学测试中表现得比没有意识到"女性"身份时差了许多。由此可见,性别刻板印象会使女性在学习过程中受到威胁、压力,致使其自我否定甚至自我放弃,从而影响个体最终的认知与行为表现,同样,在技术学习领域中也易遭到性别刻板印象威胁的罹难。社会普遍对男性在技术上的表现要求较高,甚至将技术等同为一种男性气概,如社会普遍定义的好男人的特质是:"换得了灯泡、修得了马桶、搞得了程序",而同样做得了这些技术活的女性便被定义成了略有贬义意味的"女汉子",可见社会的性别刻板印象威胁造成了女性在技术领域中的窘境,使女性在技术领域中的认知与操作能力都受到了无形的约束与限制。女性高中通用技术教师不免受到女性身份的刻板印象束缚,在日常生活中对技术的理解较浅,选择避免与社会文化不符的技术理解或行为;相反,男性高中通用技术教师受性别刻板印象促进的影响,在日常生活中的男性技术气概被无意识激活,技术身份得到充分肯定,从而造成了两性在技术理解上的差异。

2. 技术教学资本导致的技术理解差异

"场域"是布迪厄在社会实践理论中提出的一个重要概念,根据不同的客观关系的空间位置、自身内在逻辑构建成的基本单元。布迪厄等(1998)认为,高度分化的世界里有着不同的"场域",如教育场域、艺术场域、经济场域等,这些场域相互独立又彼此高度相关,每个特定场域都有其内在逻辑性与必然性;而资本作为场域运作的基本动力,是各场域展开斗争的有力武器,惯习则是在场域与资本运转的背景下产生的稳定的、结构化的、基于心智且支配身体的性情系统,可用于建构认知、感知和行动图式。

依据地理位置的划分,技术教育的场域可被再次划分为不同的小世界,如"乡镇场域的技术教育""县城场域的技术教育"与"城市场域的技术教育"。据此,本书中特定场域的技术教育可被描述为特定场域中技术教学资本有效运行从而形成的高中通用技术教师的技术教学惯习,它体现在技术认知与实践等方面。由此可知,乡镇、县城、城市场域中的技术教育是指技术教师运用一系列的技术教学资本形成的技术教学惯习,继而形成的技术理解和技术实践。与县城与城市相比,乡镇作为开展技术教学的天然实践场,其优势在于教师身处真实的技术情境中,回归真实的生活世界,乡镇场域中的任何物质与材料都可为技术教学所用,小至一颗沙粒,大到一片农田,都蕴含着技术情意与技术意蕴。此外,乡镇场域中社会资本的极大丰富性、真实性、自然性、人文性都是县城与城市的高中通用技术教师无法获取的教学资本,它的"事必躬亲"的技术文化资本进一步促成了高中通用技术教师对技术的深刻理解。Khairani(2017)在对马来西亚乡镇与城市教师的STEM教学表现进行评估时发现,乡镇教师相较于城市的教师而言,更善于组织与STEM整合学科相关的课程活动,这也从侧面佐证了乡镇教师具有利用身边现存教学资源开展学科相关课程活动的独特教学优势。

场域与惯习的差异归根结底是资本竞争的结果。布迪厄(1997)指出,"文化资本在某些条件下能转化成经济资本,它是以教育资格的形式被制度化的",相对于县城的高中通用技术教师,城市的高中通用技术教师在文化资本上略胜一筹,这些皆在前人研究(刘慧 等,2017;钟炯,2019)中有所体现。目前,多数接受过专业师范训练、高学历的年轻高中通用技术教师多向城市流动,这也是一种文化资本的流失,致使县城场域中的技术教育失去了教学竞争力。从场域理论这个视角,我们可以解释缺少社会资本与文化资本的县城高中通用技术教师对技术理解是最差的,而拥有社会资本与文化资本的乡镇高中通用技术教师对技术理解是最佳的,拥有文化资本的城市高中通用技术教师对技术理解是较好的。

3. 技术教学经验造成的对技术意志的理解差异

意志作为决策和行动的过程,也可被称作"意志的力量"(Corno,1993);相对技术而言,意志则可被定义为不同社会情境中设计技术的解决方案(Thorshag et al.,2019)。Thorshag 等(2019)通过对技术课程的视频记录观察发现,教师的技术意志表现在技术活动准备期间、为学生提供材料的技术活动期间和技术活动参与期间。这也就是说,教师的技术意志表达涉及技术设计、技术材料选择、技术(社会与文化)功能目的甄别等过程,通过对材料物理属性的把握,设计出满足人类需要的产品。研究结果显示,相较于教龄在15年以上的高中通用技术教师,教龄处于1~5年的高中通用技术教师不易对技术的物理属性与功能属性持有刻板印象,而不足1年教龄的高中通用技术教师因为对技术材料和自然属性不够了解,不能将其材料属性与人类意图恰当结合起来,即无法寻找到自然属性与社会功能的契合点。其原因在于教龄的增长与技术教学经验的积累成正比,技术教学经验会使教师对技术课程内容认知形成自动化,但也易使高中通用技术教师陷入对技术理解的刻板效应中;教师参加的培训次数越多,学校所在区域所提供的教学资本越丰富,对作为意志的技术理解就越通透,这是因为塑造教师技术意志的过程建立在强化的基础上,教师对"技术意志"的理解、形成的技术教学经验建立于参加的培训次数和获得的教学资本之上,它是教师技术意志塑造中不可或缺的重要组成部分,而教龄、培训次数、所在区域都为技术教学经验的发展提供了可能条件。此外,培训次数并未对高中通用技术教师整体的技术理解产生显著影响,可能的原因是培训过程中多重视对技术课程内容、技术教学方法的培训,并未对抽象的技术本身多加研究,故不能呈现显著影响。

4. 技术批判思维导致的对技术活动的理解差异

Devries(2016)认为,许多用于技术教育的教科书为学生将要进行设计的项目提供了规范的设计流程,但这也可能导致一种令人沮丧的情况:学生只是机械性地根据流程规范开展技术活动,并没有从技术活动中获得实质性且有意义的学习成果。这意味着,作为活动的技术不单是一种线性化的流程与方法步骤,它是根据不同技术问题所提出不同的解决方案,绝非固定不变的操作流程。Devries(2016)指出,学生对技术活动方法的思考会随着年龄和教育水平的改变而有所不同,高中通用技术教师亦是如此。1~5年教龄高中通用技术教师的思维未被固化且对技术教学充满热情,这时候最有利于教师开展批判性思考,反思技术设计、技术制作、技术使用和评估等活动过程的重要性与差异性,明确技术活动与人类活动之间的区别,厘清不同职业在设计、制造、使用、评估等技术活动上的区别等。因此,拥有1~5年教龄的高中通用技术教师最容易具备技术批判性思维,对作为活动的技术的理解也最为准确。

(五)个人基本属性对技术态度影响的分析与解释

整体而言,我国高中通用技术教师的技术态度在性别、培训次数、职前专业、学校所在区域上存在显著的差异,教龄虽未对整体的技术态度产生影响,但在焦虑感、自我效能感、外部资源依赖维度上产生了显著的差异,其可能的解释有以下几点。

1. 技术学科中存在着性别隔离

学生在技术学习中的性别差异目前已受到广泛关注与讨论,但教师在教学中的性别差异并未受到同等程度的重视,关于高中通用技术教师在性别上的教学差异研究更是寥寥。Nordlöf等(2017b)在对瑞典技术教师的教学态度进行调查时发现,性别差异在教学态度"一般"的聚类中较为显著,尤其表现在女性教师比男性教师更易在教学中缺乏安全感和自信。Holroyd等(1996)在对514名小学科学与技术教师的教学自信进行调查时也发现了相似的结果:在科学与技术学科相关的内容上,男性比女性教师更有教学自信。上述结论也在本书中得到了证实,我们试图用"技术学科中存在的性别隔离"来解释该现象。

学科的性别隔离是指某一类性别的学者或专家在某类学科上高度聚集,从而导致了另一类性别的学者或专家在该学科上的隔离状态(王珺,2005)。性别隔离分为水平隔离与垂直隔离两种形式,本书中的水平隔离是指女性高中通用技术教师较难进入被视为"男性教授学科"的门槛中,垂直隔离是指男性与女性教师在同样的技术教学中受到区别对待。朱剑等(2013)通过对4个国家的高等教育学科性别隔离现象进行纵向分析发现,女生多毕业于教育、艺术、人文、社会科学和法律等专业,男性多毕业于自然科学、数学和工程等专业。其主要原因在于女性受到性别角色社会化理论与性别图式理论的影响,从出生、成长到工作选择的整个阶段,迫于社会期望、遵循性别特征,囿于传统的社会性别分工,偏向选择更具"女性气质"的工作领域。这也就可以解释当女性成为高中通用技术教师时,选择的工作虽是具备女性气质的"教育学"领域,但由于技术学科作为"男性主导"的学科,女性教师便对技术学科望而生畏,无意识地产生了对高中通用技术教师身份的不认同感,以致在开展技术教学过程中深感困难、愉悦感低下,易产生焦虑情绪,自我效能感低下。这便是技术学科中性别的水平隔离造成的技术态度差异。

此次调查中男女教师的比例分别占63.2%与36.8%,虽不知全国高中通用技术教师的人数占比,但根据此次随机调查的结果,我们不妨假设在全国高中通用技术教师的队伍中出现了男性高中通用技术教师占比较多的情况。有研究表明(张丽俐 等,2012),在男性占多的群体中,组织会认为女性没有竞争力从而产生对女性的歧视。因此,在这样一个性别失衡的高中通用技术教师队伍中,组织部门不免会对背负"家庭""母亲"责任的女性高中通用技术教师持有刻板印象,片面地认为女性高中通用技术教师无法全身心地投入于教学中,难以在工作中对其委以重任,对女性高中通用技术教师提供的资源支持、专业发展以及职业期许便也少了很多,致使女性在开展技术教学过程中深感缺乏外部资源依赖。这便是技术学科中性别的垂直隔离造成的技术态度差异。

2. 培训次数引发专业态度由量变转向质变

Jones等(1992)发现,接受在职培训的高中通用技术教师对技术教学有着更为乐观的态度,该结论在Nordlöf等(2017a)的研究中也得到了证实,在职培训对技术教师教学态度的促进是有益的。Thibaut等(2018)在调查教师的STEM教学态度时发现,仅专业培训这个变量能对整体的STEM教学态度产生显著影响。课程内容培训作为一种促进教师个人知识增长与专业能力发展的外部塑造力量,在众多研究中都揭示了内容培训对教师专业态度的促进作用。态度是一种习得的过程,是建立在反复操作和效果强化的基础之上。因此,增加学科课程内容培训次数,不仅强化了高中通用技术教师的专业态度,还为塑造高中通用技术教师的专业态度寻找到了一条有效路径。

3. 学科相关知识是决定教师专业态度的前提

与其他学科的专业师资队伍构成不同,本书中的高中通用技术教师的学科背景各异,该现状虽为高中通用技术教师队伍提供了一定的可塑性与发展可能性,但由于学科相关知识的差异性甚大,这也为教师专业发展带来了极大的挑战。Jones 等(2013)指出,教师的教育与专业发展是影响技术教育作为学校课程的主要原因之一,而受到专业训练的技术教师对学生学习、课程建设以及教师个人自我效能感的重要性也得到了众多研究者的认可(Gumaelius et al.,2013;Hartell et al.,2015)。Nordlöf 等(2017a)研究发现,教授技术的资格是瑞典技术教师积极教学态度的重要预测指标,具备专业资格证书的教师往往可能是专业态度积极的群体。我国教育部门不会对高中通用技术教师的学科背景作过多的要求,只需通过相应的考试科目并获取教师资格证明即可;且开设与通用技术科目对口专业的学校只占少数,任教于该科目的教师多为物理学、劳动技术、信息技术教师兼职或转型,故呈现了多数高中通用教师并非科班出身的现象。因此,跨专业教学导致了教师在教学内容知识和学科相关知识上的欠缺。

Thibaut 等(2018)发现,相对工程、技术以及科学教师来说,数学教师在教授整合的 STEM 课程时态度略显消极,其主要原因在于数学教师在平时教学中更加倾向于以公式推演的教学,而不是像其他学科中以真实世界的问题为导向,通过实践或实验去解决课堂中的问题。这也说明,由于学科背景不同,数学教师在教授 STEM 课程时的学科相关知识存在显著差异,其教学内容知识也大有不同,从而影响了他们在教授 STEM 课程时的态度。Lee 等(2010)在探索教师的整合互联网技术的学科教学知识和自我效能感的关系时发现,教师的教学实践主要取决于他们所拥有的与网络相关的内容知识;Johnston 等(2006)指出,教师在开展物理教学活动时若没有足够的知识会在教学内容知识中没有足够的安全感;Rohaan 等(2010)发现,技术教师的学科相关知识是教学内容知识、自我效能感以及教学态度的重要影响因素及先决条件。本书中职前专业为教育技术学、计算机科学与技术、教育学(学科教育)的高中通用技术的技术态度较为消极,可能的解释是:与高中信息技术课程单列的设置理念不同,高中通用技术课程作为一门综合课程,由多种分类技术课程(如设计技术、材料技术、制衣技术、建筑技术等)组成,这对教师的课程相关知识与学科素养提出了较高要求的同时,也为相关专业的教师开展技术教学带来一定的困难。例如,教育技术学、计算机科学与技术专业的教师,其课程内容知识仅局限于信息技术,对机械、材料、电子、控制、设计等专业知识知之甚少;而教育学(学科教育)专业的教师虽具备良好的教学知识,但在内容知识上的缺乏导致了学科教学知识无法有效融合。因此,职前专业不同导致了在学科内容知识上的差异,从而影响了高中通用技术教师专业态度的形成。

4. 不同区域中的两性劳动分工引发的态度差异

Smith(2012)在研究不同情境中教师信念和态度的变化时指出,仅仅用情境中一系列的指标(如所使用的教科书、学校结构、社区规模)来衡量每个教师的信念和态度变化是不够的,我们所需要进行研究的是观察教师如何利用这种特定的情境来实现他的信念和态度。此观点对本书提供了一定的启发:讨论不同区域中高中通用技术教师的技术态度差异应着眼于其背后形成的原因,而不是仅仅讨论城市、县城、乡镇间教师专业态度表面的差异形成原因。由于受到经济、交通、信息化手段等因素的制约,县城与乡镇中的两性分工依旧呈现出"男主外、女主内"的传统模式。女性所从事的劳动以照顾家庭、洗衣做饭等非普遍意义上的技术性活动为主,男性则以电工、木匠、农业生产等技术性活动为主,此种劳动分工模式导致县城和乡镇女性的技术观念薄弱、技术意识偏低以及技术物化能力偏弱等现象,在县城与乡镇区域中对女性技术学习的期待也偏低。相反,在经济较为发达、思想较为开明的城市中,面对巨大的生活压力,负担整个家庭不仅只是男性的责任,女性也是中坚力量之一,学习技术、使用技术、运用技术、从事技术类工作的女性并不在少数。班杜拉的社会学习理论认为,社会变量对人类的认知与行为有制约作用,这也就是说决定不同区域内高中通用技术教师专业态度最主要的力量是所处的社会环境。因此,城市、县城、农村中高中通用技术教师在技术态度整体维度和性别信念上的差异是由所处环境中两性劳动分工差异引起的。

5. 不同教师专业发展阶段在关注对象上的差异

吴卫东等(2001)根据教师教龄特征和发展水平差异将教师群体分为四个阶段:新手型教师(教龄0~5年)、适应型教师(教龄5~10年)、成熟型教师(教龄10~20年)、专家型教师(教龄20年以上)。本书中,教龄在15年以上的高中通用技术教师多为成熟型教师或少部分已是专家型教师,在长期的技术教学中已形成了特定教学方法,积累了丰富的教学经验,能够充分把握技术课程内容,理解学生的个体差异。这部分教师关注的对象不仅限于人际关系、个人的职业生存、学生的成绩表现或课堂效果等方面,培养学生在技术中的全面及个性化发展才是他们的首要目标,因而他们在教学中的自我效能感最佳、焦虑感最低。教龄处于5~10年的高中通用技术教师作为适应型教师,虽已掌握基本的教学技能,但其关注的重点仍是自己的生存问题(如课堂控制、教学内容把握、领导评价等),他们所面临的不仅是巨大的教学压力,还需背负学校领导与家长的教学期待,一旦遇到教学难题与挫折,便易产生职业倦怠感,教学自我效能感也随之降低。教龄处于1~5年的高中通用技术教师作为刚入职的新手型教师,对技术课程内容、技术活动设计、技术教学知识都缺乏系统性认识。学校为促进新教师的专业发展,为他们提供了充足的人力与物力上的支持,故而他们在外部资源依赖维度上的得分较高。

(六)个人基本属性对技术行为影响的分析与解释

整体而言,我国高中通用技术教师的技术行为在培训次数、职前专业、学校所在区域上存在显著的差异,其可能的解释是:技术行为与技术态度量表的编制采用了累积性原则与对等性原则,因而培训次数、职前专业、学校所在区域这三个因素对高中通用技术教师的技术行为也产生了显著影响;性别在技术行为上虽不存在显著差异,但男性技术行为的积极性在得分上高于女性,与性别在技术态度上的差异保持相对一致性。因此,上述个人基本属性对技术态度影响的解释也可作为其对技术行为影响的原因。

(七)高中通用技术教师的技术理解对技术态度影响的分析与解释

从研究结论得知,技术理解虽然对技术态度有显著的正向影响,但两者在强度和方向上并非完全相同,技术理解的八个维度与技术态度的七个维度间并不存在一种明确的正相关,该结果与我们普遍的认同是矛盾的。多数公众认为,只要消除知识代沟,就可以消除普通人和专家之间在风险评估、对技术的态度和对环境的恐怖等问题上表现出来的差异,这也就是说,技术知识丰富的人会对技术持有积极的态度。这观点受到了迪尔克斯等(2006)的批判:虽然在科学方面,知识对形成态度的过程有着启示作用,在实践方面,多数研究也以提高知识来"改善"态度,但知识与态度的关系并非是单调线性关系,还需要将其放置在具体的情境中进行论述,且不同研究问题中所面对的实际情况与研究问题皆不同,不可一概而论。从技术理解与技术态度的多元线性回归模型中发现,个别维度间还出现了负向影响和无影响,因此,我们没有理由认为高中通用技术教师的技术理解水平与对技术的专业态度是完全正相关的,只能说在整体上呈现出显著正向影响,其可能的解释如下。

1. 技术态度形成原因的多样性

笔者研究发现,技术理解水平仅可解释教师对技术专业态度 6.5% 的变异量,可见个人技术知识水平只是促成技术专业态度形成的一个极小因素,通过其他方式和路径也能形成技术专业态度。Asma 等(2011)在对教师对科学与技术的专业态度和个人态度的关系进行调查时发现,专业态度有时会被个人态度正向影响,有时也易受到负向影响。如教师个人若对转基因技术持有否定态度或受到此类技术的伤害,那么在课堂教学中难免会忽略它对个人、社会积极正向的一面,虽然他们对此类技术有着较为全面的理解,但专业态度形成却完成取决于个人动机、利益和经历,而并非基于全面的、客观的、辩证的和事实的论证,因此,技术理解并不能对其技术教学态度产生直接的影响。

另外,一些非理性的因素也会影响教师面向技术的专业态度。如国家大力提倡人工智能技术、区块链技术,教师对这些技术的教学态度会积极许多,但这种积极的态度与技术本身的优点或缺点无直接关系,更不需要教师去深入理解这些技术的形成。因此,意识形态取向、道德观点倾向以及国家价值导向都会影响教师的技术专业态度形成。

2. 知识系统与理性观念的差异性

Rothman(1990)认为,对专业知识的掌握程度可作为区分专家和普通人的主要特征,而态度的差异是由存在知识代沟引起的。技术理解量表中的题项均演绎自技术哲学、社会学、历史学等领域专家的观点,而高中通用技术教师的技术理解系统则属于普通人的范畴。用专家的视角去审视作为人工物的技术,看到的是技术人工物丰富多样的形态、与自然物相区别的功能与属性;但高中通用技术教师未必会以专业的观点和科学的语言去理解,在他们眼里的技术人工物在日常生活中随处可见,对其专业概念在教学过程中也无须特意指出,它在教学中是具体的、日常的、实用的、物化的。若真从真理角度去评价技术人工物、解剖概念,反而会增加教学的难度,弱化高中通用技术课程"实践"的特征的同时,也忽视了技术课程中"做中学"的教学方法,其抽象性更易使教师产生焦虑情绪。因此,高中通用技术教师对作为人工物的技术的理解水平对其困难感知、焦虑程度以及整体技术态度有负向影响。

技术作为一种社会技术系统,我们能关注的不单是技术运行、发展、实现的本身,还需要考虑它与其他学科、政治背景、使用者、设计者间的互动,将其置于历史的长河中去辩证地思考。专家视角下的技术的两面性,主要用来评定技术对人类、社会以及其自身的风险性,所关注的焦点皆围绕技术本身展开,如技术设计、技术安全、技术可靠性等,对技术的风险性越了解,对技术持有的态度也越谨慎。而高中通用技术教师在考虑这个问题时,更多地考虑到技术的两面性在现实情境中的应用,即技术的两面性在技术教学中的应用语境与注意事项,如告知学生发展某种技术的风险和代价是什么,谁会采用与控制某种技术,谁会因某种技术受益或受损,以及某种技术对教学产生何种影响。

此外,技术的发展历史在专家视角中是可知的、明确的、可控制的、可预测的,但对于普通的高中通用技术教师来说,他们几乎无法参与、控制技术的发展历史。更有甚者,他们将发展中的技术视为一种潜藏的危险和需要进行有效防范的领域。因此,高中通用技术教师在教学中考虑的技术"两面性"和"历史性"越深入,教学的困难感知程度便会增加,教学焦虑感也随之而来,也正是因为技术的"两面性"在教学中的代入感过于强烈,造成了他们对技术专业态度的负向影响。

3. 学科价值取向与课程关注范畴的差异性

技术哲学强调作为活动的技术的意图是将它与多样的人类行为联系起来,包括了人类参与世界的两个宽泛的主题:生产和使用(米切姆,2008)。前者是建立后者可能性的一种创始性的"行动",递归于"过程"。在作为活动的技术中,制作、发明和设计都是行为;制造、劳动、操作和维修则是工序,一个特定技术行为可包含多种工序,而一个技术工序也涉及多种技术行为。技术哲学中的作为活动的技术强调了技术的过程性、活动性与行为表现力,技术哲学家在思考此问题时将"活动"置于主导地位。在通用技术课程教学中,教师设计一系列的技术活动的意图是引导学生亲身

第四章　技术理解、技术态度与技术行为的结果分析

体验制作出某个技术人工物或掌握某项技术知识的过程,其最终目标是根据教学实际需求设计出切合教学目标的活动。因此,教师要考虑的不只是"活动",更要将教学目标、对象、方法、效果等一系列因素考虑其中。教师若是过多着眼于技术活动本身,则易忽略技术教学中知识的传授、学生能力的提升以及学生情感、态度、价值观的培养,更无法达到高中通用技术课程学科素养的要求,那技术课程的重要性便无法体现。正是两类学科中价值取向的差异导致高中通用技术教师对作为活动技术的理解水平对重要性呈现负向影响。

同样,由于技术哲学与高中通用技术课程关注范畴不同,技术态度中的性别信念不受技术理解中任何一个因素的影响。其主要原因是:技术哲学中会精确严密地定义技术的本质,将技术作为重要的研究对象;而高中通用技术课程对技术的定义则是模糊而宽泛的,技术不再是高中通用技术教师的研究对象,如何教好技术才是其关注范畴。因此,技术教育的性别意识是技术态度中独有且不可回避的话题,但与对技术本身的理解无直接联系。

4. 理论层面与实践维度上的统一性

研究结果发现,作为意志的技术对整体的技术态度、重要性、愉悦感有着显著正向影响。该结论与笔者对整体理论框架的反思正好形成理论逻辑上的统一性:技术意志与技术态度在米切姆技术哲学框架中有着高度指向性且可以叠加;在实践层面上,技术意志体现了人类对技术的意志,故而蕴含了人类对技术的理解、情感与行为倾向,因此会在愉悦感、重要性上有着显著正向影响。"以史为镜,可以知兴替",高中通用技术教师对技术发展历史的理解,有助于提升对技术类课程、技术教育的重要性认识;另外,理解技术与社会的关系、技术在社会中的作用有助于缓解教师在教学中的焦虑感,减少认识未知技术的可能性。对作为活动的技术理解越为深刻,就越能给技术教学活动提供各种可能性,高中通用技术教师也越能理解到技术活动的丰富性,教学困难性也相应减少了。因此,技术理解在一定程度上对技术态度有着明确指向性和解释力,两者在理论层面与实践维度上实现了对应与统一。

(八)高中通用技术教师的技术态度对技术行为影响的分析与解释

从研究结论得知,技术态度对技术行为有着显著正向影响,技术态度的七个预测变量共可解释技术行为效标变量 28.0% 的变异量,其中,重要性、性别信念、愉悦感、自我效能感、外部资源依赖五个因变量对技术行为有着正向影响,困难性、焦虑感对技术行为有着负向影响。该结论与我们对态度—行为关系的传统认识相一致,在理论层面上也是逻辑自洽的,其可能的解释如下。

1. 教学参与增强了技术态度对技术行为的指向性

Fazio 等(1978)指出,态度与行为的一致性与以下三个因素有关。一是被试者态度所依据的直接经验,尤其是指被试参与试验的次数;二是态度的确定程度;三是

如何定义被试的态度,以及否定态度维度的测量方法。高中通用技术教师的技术态度与技术行为都是采用六等李克特量表的形式来测量,值越呈现两极分化,态度就越强烈,行为表达也越明显,态度的确定程度与测量否定态度的方法都是合理的。Davidson 等(1985)发现,对态度对象仅仅要求更多的信息就足以使人们态度的强度增加,也就是说,参与可以加强态度,想要得到高中通用技术教师的态度与行为一致性,首要条件是选择在一线开展通用技术课程教学的教师,来自直接经验的技术态度易被教师们意识到的,属于可接近性的技术态度,对技术行为的指向也越明确。综上所述,由于具备了上述三个条件,教师具有直接的技术教学经验,从而增加了技术态度对技术行为的指向性。

2. 不确定性和目标困难度对技术行为产生了负向影响

凯根等(1985)通过对照实验对三组不同概率受到电击的成员进行焦虑测试发现,焦虑的根源是不确定性。该结论同样适用于本书,正是由于高中通用技术教师的自我期待较高,较为重视技术课程,因此在技术教学中(如教学活动设计、课堂掌控、知识传授等)存在的各种不确定性会引发教师的焦虑感,对技术行为产生负向影响。

Wright(1992)认为,目标困难度是指个人目标与个人实现此目标的能力之间的差异度。行为与目标困难性之间或呈现线性关系,或呈现"U"型曲线关系。本书中,教师对技术教学的困难性感知越大,觉得与个人期待目标的差异度越大,技术行为越消极,这种差异度不仅是能力差异,更是一种需要克服的心理障碍。

3. 愉悦情绪对技术行为的产生了正向影响

本书中,愉悦感对技术行为的正向影响最大,其原因可借助主观预期愉悦理论来解释。Mellers 等(1997)提出了主观预期愉悦理论,该理论认为:行为决策者在决策过程中会倾向于愉悦情绪最大化的选择,这也就是说教师在技术教学过程中体验到的愉悦程度越高,越会表现出积极的技术行为倾向。

(九)高中通用技术教师的技术理解对技术行为影响的分析与解释

从研究结论得知,技术理解对技术行为有着显著正向影响,技术理解的八个预测变量共可解释技术行为效标变量21.4%的变异量,但对技术行为有显著影响的仅是作为意志的技术和技术的历史这两个自变量,与技术理解对技术态度的显著正向影响因素保持基本一致,其可能的解释如下。

1. 技术理解与技术行为的良性联动

技术理解与技术行为作为一种特殊的"知—行"关系,技术行为的塑造在一定程度上受到技术理解的影响。技术理解包含了技术的外在形态和内在属性的准确认识,连接起了认知对技术行为的因果同步性关系,在一定程度上助力、支配和调节了教师的技术教学实践。由技术良知走向技术教学的善行,这也是知行合一、知行良性联动的体现。

2. 技术信念对技术行为产生正向影响

作为意志的技术和技术的历史作为技术理解的两个维度,是一种广义的知识,它不仅考查了答题者对技术的理性认知,还包括了对技术的感性认识,严格意义上说,这是建立于理性认识的感性判断,是建立在习惯或联想基础上形成的一种信念。高中通用技术教师只有将技术的本质知识内化至个人意识内部,才能形成技术情意或信念,意识到技术可以帮助人类完成相应任务、延伸人类的能力、呈现人与世界的关系;也只有认同技术的发展史,才能通达技术在人类发展过程中的作用、具备技术的历史感,而不是只局限于表象或技术本身。技术信念作为一种理性知识与感性知识的结合物,对技术行为有着很好的引导作用。

(十)技术态度中介作用的分析与解释

研究结论显示,技术态度在技术理解与技术行为之间具有部分中介作用,三个概念形成了"技术理解—技术态度—技术行为"的关系与结构,其可能的解释如下。

1. "知识—态度—行为"的逻辑自洽

"知识—行为""态度—行为"的关系一直为哲学、社会心理学等领域所讨论,但对三者关系与结构的研究却并不多见。技术理解作为对技术本质的认识成果,不仅指对技术的理性知识,还包括了建立在理性知识上对技术的感性认识。技术理解对技术态度有显著正向影响,体现了高中通用技术教师对技术的准确理解在一定程度上已内化成了积极的技术情感,且积极的技术情感也是建立于教师群体对技术知识的可信度基础之上。因此,只有教师具备了对技术本质的准确理解,这些确信的技术知识才有转化为技术态度的可能性,故技术态度的塑造可借助于高中通用技术教师对技术本质的理性判断和感性经验。

"态度决定行为",这一论断通常为世人所接受,态度是行为的重要决定因素,也是预测行为的最好途径。高中通用技术教师的技术态度并非可以在一朝一夕中形成,而是在长期教学实践中逐渐稳定下来的认知、情感与行为控制的倾向,它决定了技术行为的方向与强度。因此,有意识地控制、调整与改善技术态度有利于形成良好的技术行为。

此外,高中通用技术教师的技术行为不仅可通过技术态度来解释,也可以由技术理解来解释,或借助知识对态度的作用间接影响技术行为。通过个人对技术本质的理解去确定某种技术行为的过程是理性且客观的,它是经由深思熟虑后的行为表现,并非出于从众心理或一时兴起。由确信的技术知识转化为稳定的技术态度,由技术态度转而明确指向技术行为,这是一个知识与态度合力的过程,对技术行为的形成具有很好的指导作用。

2. "知识—态度—行为"的相互作用

技术理解是高中通用技术教师开展技术教学的前提,是促成技术态度与技术行为联结的重要因素。三者间的关系不仅限于教师个人的意识领域,还发生于师生间的相互作用。高中通用技术教师对技术的理解影响着个人和学生对技术的态度,预测并决定着双方技术行为。"技术理解—技术态度—技术行为"间的相互作用反映了社会存在决定社会意识、社会意识反作用于社会存在的运行机制,蕴含了从技术认识论向技术方法论的路径转向。技术理解对技术态度与技术行为的指向凸显了技术知识的重要性,它是技术态度形成与技术行为决策的前提,没有一定量的技术知识储备,也无法发生技术态度与技术行为上质的变化。技术态度作为两者的中介则凸显了技术情意的关键地位,它在一定程度上解释了技术理性与非理性行为的统一,只有教师能从主观与客观上审视技术和技术教学,其技术行为才能具备准确性与确定性。因此,想要实现技术知识与技术态度、技术行为的联结,高中通用技术教师对技术的理解应克服认识上的不确定性,如此才能破除技术态度与行为中的陈旧与惰性;而想要具备技术态度与技术行为的强联结,教师在技术教学过程中应从认知、情感、行为控制三方面着手,实现理性与非理性因素的融合,如此才能对行为形成较强的支配与控制力量,呈现"知—情—行"三者的相互作用。

第五章　技术理解、技术态度与技术行为的发展对策

想要推动成果转化落地,做好调查研究的"下半篇"文章必不可少。为确保高中通用技术教师技术理解、技术态度与技术行为的大规模调查见到实实在在的效果,提出科学性、可操作性的对策建议,将调查成果转化为破解难题的实招、硬招是关键。据此,本书拟从高中通用技术教学、高中通用技术教师队伍建设、高中通用技术教师专业发展这三方面入手,以高质量调查研究推动技术教育事业高质量发展。

第一节　研究启示

一、对高中通用技术教学的研究启示

(一)回到技术人工物本身的研究

如何回归技术人工物本身并开展制造实践论的研究,这在《普通高中通用技术课程标准》(2017年版,2020年修订)中早已给出了答案。物化能力作为高中通用技术课程的核心素养之一,是指采用一定工艺方法将意念、方案转化为有用物品,或对已有物品进行改进与优化的能力,即创造、改进、优化、完善技术人工物的能力(中华人民共和国教育部,2020)。从技术人工物本体论的视角看,想要具备一定的物化能力,这要求高中通用技术教师具备辨别自然物与人工物的属性特征,识别自然物的材料特性,推测自然物物化为技术人工物后可能具备的功效,揭示自然物的物理结构和人工物的技术功能联系的能力。从技术人工物实践论的视角看,实现技术人工物从无到有、从差到优、从有瑕疵到相对完美的过程,都蕴含了人类改造、改良自然物的心术、艺术和技术,这要求高中通用技术教师具备发现与意识技术人工物背后隐藏的联动机制、系统原理、设计理念和整体结构的能力,如此才能实现对技术人工物的"意向构造",建立技术人工物本体与设计者、使用者间的意向联系。

因此,在技术教学过程中,高中通用技术教师应鼓励学生对技术产品进行拆解,剖析内在组成结构,观察技术产品的材料与形状,挖掘其可能的功能性,运用设计思维去思考其物质属性与功能属性的适切性,全方位探索自然物被塑造成技术人工物

的可能性。这不仅要求高中通用技术教师具有共情心理,站在技术设计者的身份去审视与理解技术,更应跳出技术本身,从人与技术、技术与社会的视角去全面看待技术,以挖掘技术本身更多的可能性。

(二)全面审视和呈现技术知识的形态

"所有知识不是默会知识就是根植于默会知识,默会知识是自足的,而明述知识则必须依赖于被默会地理解和运用"(郁振华,2012)。同样,并不是所有的技术知识都可以通过文字、语言的方式传授于学习者,如何呈现技术默会知识的形态取决于教师如何教、学生如何学此类知识。"通过对师傅的观察,直面他的范例,模仿他的各种努力,徒弟无意识地获得了该技艺的规则,包括那些师傅自己都不太明确了解的规则",足以见得"在技艺学习中,对师傅的范例'心追神摹'是第一位的,而对技艺规则的把握只是一种附带的收获"(郁振华,2012)。因此,想要全面审视技术默会知识的形态,"做中教"即给学生示范具体做法不失为高中通用技术教师重新认识技术本质的一个好方法。

但这里需要指出的是,技术默会知识虽在逻辑上优先于技术明言知识,但并没有完全默会的技术知识。如学习骑自行车属于一种技术默会知识,没有人能够阅读完一部关于骑车的说明书后就立刻会骑车,但说明书却可以给出"指导""建议""提示"等,如"坐上车,不要看地,眼睛盯着想去的地方",通过对技术规范性知识的反复练习,学习者自然也掌握了技术默会知识。因此,技术知识不仅是关于"是什么"的陈述性知识,更是关于"怎么做"的程序性知识。教师在技术教学中不仅要要求学生识记技术知识,更多地应帮助学生学会应用、分析、判断与评价技术,根据个人及社会需求,运用技术知识将技术的特征属性转化为特定技术成果。此外,技术规范性知识的传授应包含对技术伦理的思考,如此才能有效规避技术风险。

综上所述,高中通用技术教师应全面审视技术知识的形态。技术知识是丰富多样的,包含了技术目的性知识、技术实体性知识、技术规范性知识、技术方法性知识、技术制作性知识等不同形态。只有全面认识了技术知识的形态,教师才可在适当的教学情境和教学活动中呈现它们。再者,技术知识并不像科学知识那样有明确的"对""错"之分,其合理性取决于人类理解技术的准确性,它的外延是丰富的,不仅限于对"技术"本身意蕴的理解,还涉及技术与人文学科(如历史、经济、社会学)的交叉研究。因此,我国高中通用技术课程的设置采用综合课程的设置理念,这不仅体现了技术的综合性与集成性,更说明了技术知识的多样性。

(三)明确通用技术课程的学科定位

高中通用技术教师只有明确了高中通用技术课程的学科定位,才能在真正意义上厘清技术与科学的区别与联系。从《普通高中通用技术课程标准》中得知,高中通用技术课程以提高学生技术素养为主要目标,以设计学习与操作学习为主要学习形式,着力培养学生的技术意识、工程思维、创新设计、图样表达、物化能力这五方面的学科核心素养,其教育内容具有基础性和通用性,是一门素养性的课程。从本体论层面讲,高中通用技术课程意在揭示技术的本质属性,高中通用技术教师通过对技术所蕴含的经济、道德、法律、伦理、心理、环境和审美等因素的综合分析,深化对技术的认识,加强对技术文化的理解;从价值论层面讲,高中通用技术课程体现了技术育人的价值,肩负着推进全民技术素养提升的重担,高中通用技术教师必须重视其技术性、社会性、学科黏合性,才能甄别技术学科的独有价值;从认识论层面讲,高中通用技术教师首先应该肯定技术的合理存在,摒弃"雕虫小巧""奇巧淫技"的观点,修正"技术作为应用科学"的思想,学会用辩证的眼光从共生、共建、共育的视角去看待技术与科学的关系,从社会、集体和个人的视角去把握技术教学。

(四)将技术教学程序化繁为简

技术学科的复杂性与特殊性给高中通用技术教师带来了一定的教学困难。那如何开展高中通用技术课程的教学呢?Barlex(2015)指出,"想要构思一门课程,其依据的原则在很大程度是由课程的性质与目的决定的",这也就是说,技术课程的教学程序多取决于技术本身与技术教育的目的。Barlex(2015)给出了技术课程实施的三个程序性原则。第一,要忠于技术的本质,意在厘清技术与其他学科的边界,关注技术与其他学科的联系。第二,培养学生的技术观,通过讨论与反思碰撞出学生对技术的新观点,培养出学生的技术情意。第三,想要促进技术能力发展,对学生技术能力的培养不仅应关注"学习"技术,更重要的是"做"技术,这也意味着教师应开展多种形式的活动去设计与生产技术成果。从 Barlex(2015)对技术课程实施的三个原则中我们得知,想要驾驭看似繁杂和内容多样的高中通用技术课程教学,第一步就是化繁为简。这也就是说,无论在面对多么复杂或晦涩、难以讲解的技术内容时,教师的坚守是以理解技术为前提,他们需清醒地认识到无论面对何种技术,把握它的材料、属性、结构、成分,厘清其与社会、历史、文化及其他学科的联系都是为了识别它的本质。其次,想要培养学生对周围技术活动的建设性观点、促进学生成为"技术人",需要提高学生对技术设计过程的参与度,鼓励学生参与技术活动并用技术思维和方法去分析技术问题,如此才能形成学生积极向上的技术观。再者,技术教学的重点不在于知识的传授,而在于技术参与,也就是"做"。技术试验是技术教学的重要手段,教师应构建技术试验的平台与环境,鼓励学生在"做中学",获得技术能力,形成技术思维。因此,想要将技术教学程序化繁为简并以简驭繁,最重要的是教师能够真正明白技术课程教学背后所蕴含的性质与目的,重视学生技术理解、技术态度与技术行为的养成。

(五)正视技术教学中的性别差异

我们首先要承认的一点是,强行消除技术教学中的性别差异是不可取的,主要原因是性别差异的形成不仅是由技术价值观、技术认知或能力等主观因素造成的,还由两性的生理结构、基因激素等先天性因素决定。例如,男性的智力与额叶—顶叶灰质容积密切相关,因此男性善于完成中等难度空间认知任务;女性的智力则与白质容积以及布罗卡区的灰质容积相关,因此女性善于完成中等难度的语言认知任务。在相同的教育水平下,男性相对女性来说,更易于完成需要空间认知的技术任务,这是生理上不可逆转的客观差异,故想要改变这种差异,应从两性的主观认识方面着手。

研究发现,两性在技术教学态度中的差异与看待技术视角的差异有关。这给我们带来了以下启示。若将技术本身视为目的,将学习一门技术课程视为学习的终极目标,那么相较于男性,技术对女性的吸引力并不大;而若将技术作为获得目标的手段,突出其社会功能,那对年轻女性的吸引力会增加许多。因此,在技术教学过程中,高中通用技术教师可以适当强调技术对解决社会问题的作用,而不仅仅关注于技术本身(如它的制造、发明、改进等),这样会使女性觉得技术更为有趣。此外,在教学过程中,若突出并讨论技术与其他学科(如科学、历史、人文)的联系,女性则更易参与到技术话题的讨论。

再者,若能正视技术教与学中的性别差异,教师对其表现的技术差异会持有更为积极的态度与行为。例如,高中通用技术教师注意到女生不喜欢编程类的课程、在计算思维上表现薄弱等现象,可在教学中给女生更多的关心与支持,增强女生在编程上的理解;相反,男性教师若能反省到自己的性别刻板印象,采取积极的心理暗示与行为调整,那么这种性别偏见也会被逐渐克服。因此,正视性别差异,有助于缓和技术教学中的表现差异,这是合理运用技术教学策略的首要前提。

(六)提防技术学科中的性别隔离

研究结论发现,技术学科中存在着性别的水平与垂直隔离,这是由技术学科的"男性化"内容特征与"男性化"资源倾向导致的。如何提防技术学科教学中的性别隔离呢?针对上述结论,本书给出以下四点启示。第一,高中通用技术课程教材内容的编排既要涉及女生熟知的生活技术、设计技术等日常技术系列内容,又要包含男生感兴趣的工程技术、机械技术等实用技术系列内容,在案例编写、情境设置、活动设计中尽可能贴近女性的生活世界,使其与技术产生亲近感,对教材中的技术问题与生活中的技术难题产生共情心理;第二,高中通用技术课程教材中的男、女技术榜样人物尽可能平分秋色,既有女性技术家的优秀典范,也有男性技术家的经典流传,这对师生在技术教与学中的表现都可产生积极的心理暗示;第三,学校领导在设置高中通用技术教师队伍人员安排时,尽可能实现性别均衡、职务相当,在招聘高中通用技术教师中应有意识地增加女性教师的人数;第四,学校领导要学会用发展的眼光审视新时代女性,摒弃陈旧的性别分工观念,给予新时代女性高中通用技术教师更多的人文关怀与外部资源支持。

(七)开展面向真实世界的技术教学

Slatter等(2018)认为,"发生真正学习的前提是学生能将教室中学到的与教室外真实世界联系起来"。正因为乡镇的高中通用技术教师身处真实的技术情境中,相较于县城、城市的教师,他们更能将课堂中的技术教学与外面的世界相联系,故对技术本质的理解也是最佳的。该结论在一定程度上回应了顾建军(2018b)的观点:"秉承面向真实世界的技术教育理念。"真实世界作为一个由真实情境、真实问题、真实需求构成的世界,包含了真实世界中结构不良的现实情境、可靠具有价值意义的真实问题,以及真实的技术任务、教学过程、学习需要,它是对过去、当下、未来技术问题的投射。Johnson(1997)指出,"充满真实问题与情境的学习环境更利于智力技能的发展。"Hennessy等(1999)认为,"真正的课堂实践应基于与学生相关的和真实的情境,且这些真实情境与他们的未来有着密切关系。"从资本竞争的视角看,乡镇所拥有的文化与社会资本极为丰富,为开展面向真实世界的技术教学提供了天然的优势,但这并不意味着在县城和城市开展面向真实世界的技术教学全无可能。相反,真实的技术情境、问题、教学皆可因地制宜、因势利导。

不同区域中技术情境的设置都带有地方文化特色与价值取向。如在对"创意书签"进行构思与设计时,农村地区开展该课程的教学时可选取当地天然的植物(如麦穗、银杏叶)作为书签的来源,采用多种传统工艺对书签进行设计;在县城开展该课程时,可以县城特色文化作为背景,如依托"茶文化"或"玫瑰展"等家乡特色活动,赋予书签独特的价值文化。因此,真实技术情境的设置都有着特定的文化取向,高中通用技术教师应从所在区域文化中汲取技术教学的养分。再者,技术课程的问题定义应当是在技术领域中真实且有价值的技术问题,它包括不同技术类别、不同技术要素、不同技术层面所蕴含的技术问题。教师和县城、城市的学生去讨论"猪圈内粪沟的设计"是很难产生共鸣的,原因在于对县城和城市的学生而言,该技术设计并不具备实践价值,不属于个人生活中会遇到的真问题。从真实需求的视角来看,真实的技术任务是维持学习者的学习兴趣与动机的首要前提,技术教学打造丰富感性和深刻理性相联系的课程内容与学习活动,让技术课程成为学生学习世界与真实世界之间的桥梁。如在春节来临之际,学生运用激光切割机设计并结合传统工艺制作灯笼和窗花;在教师节来临之际,学生运用激光加工工艺为老师制作钢制笔筒作为礼物。教师若能有效处理好真实的技术情境、技术问题和技术需求这三个问题,创设面向真实世界的技术课堂也绝非难事。

(八)突出技术教学活动中的批判性思维

高中通用技术教师对技术活动的理解差异在于技术批判性思维的差异,体现在仅将技术活动视为"做"的累积与重叠,忽略了"思"的存在,完全将技术活动中的"思"与"做"二元对立起来,即将"理论"与"实践"完全隔离开来。在"思"与"做"二元对立的社会系统中,理论被描绘成抽象的世界,仅是对书籍中知识的深入理解与智慧的积累;实践则被认定为"做",是用来掌握技能的方法,而不是获取知识的途径。因此,技术中"知道怎么做"的知识被忽略了,理解理论的实践方式也被否定了,"做"背后隐藏的知识更被忽视了,技术活动中设计、制作、组装等一系列"做"的过程被视为"无脑的"流水线操作流程。

如何在技术教学活动中突出批判性思维呢?笔者认为,技术活动中的"思"与"做"串联运作是必要的。在技术教学中,我们不可能通过纯粹的"思"去产生最好的"思",但可以通过边"思"边"做"去实现两者的合二为一。高中通用技术教师可将技术教学活动分成几个小步骤,每在进行一个技术操作后,停下来去总结与反思,再用上述的"思"去指导后续的技术教学活动。该过程可采用形成性评价的方法和信息化手段去记录"做"与"思"的全程互动。"做前思、思后做"的技术教学过程既是对"做"的总结,也是对后续"做"的改进,"思"既是对"做"的反思,也是对后续"做"的推进。如此在"做"与"思"的交互推进下,技术教学活动才能迸发出批判性思维,创新也应运而生。

(九)建设技术课程的可持续发展机制

研究结论发现,影响技术课程可持续发展的因素主要包括两个:资源配置与重视程度。在资源方面,技术实践室、教学工具、技术仪器的配置需要来自国家、地区以及学校的经费支持,但想得到经费支持的前提是国家、地区和学校领导能够对高中通用技术课程加以重视。想要建立技术课程的可持续发展机制,重视程度这个因素的重要性不可小觑。Pavlova(2018)对实现技术课程的可持续发展提出了以下建议:从课程内容上讲,了解国家在可持续发展方面的优先事项是首要前提,课程内容的制定应根据国家技术发展的动向与需求来设定,如国家的建设急需培养具备某类技术素养的人才,那在技术课程内容设置上便要作出相应的调整,以便获得国家的重视与支持;从学校层面讲,学校需定期对高中通用技术教师开展培训,采纳他们对课程可持续发展的看法与观点,更新高中通用技术教师的知识库和教育理念,以形成技术教学的良性循环,健全高中通用技术教师培养培训的良性机制。因此,想要形成技术课程的可持续发展,还需国家、教育行政部门、学校、社会、专家学者形成多方合力,才可保证技术课程在资源配置与重视程度上具备坚固基础与稳定来源。

(十)力求技术教学中"知—情—行"的协调统一

孔子在《论语》中曾对学习中的"知""情""行"三者关系作过明确的论述,如"学而不思则罔,思而不学则殆""君子欲讷于言而敏于行""知之者不如好之者,好之者不如乐之者"等,这些都是对学习中"知"与"情"、"知"与"行"、"情"与"行"关系的思考。孔子重"知",认为"知"是基础,多闻、多见、多问方得真知;孔子重"情",认为"情"是催化"知"向

"行"转变、强化"行"的助推器,故而"知之不如好之,好之不如乐之";孔子亦重"行","行"有助于成果转化,是开展有效学习最佳途径,故"学而时习之"。

孔子对学习中"知—情—行"关系的理解为技术教学中三者的协调统一提供了启示:技术理解、技术态度与技术行为作为一个有机的生态系统,对技术准确和理性的认知、对技术积极的专业态度会促进正向的技术行为;同样,积极的技术行为也会不断地调节教师的技术认知和技术情感。如何使技术教学中的"知—情—行"协调统一,本书给出以下三方面的建议。第一,从对技术本质的理解入手,对技术准确和理性的理解建立在系统的、辩证的、客观的、理性的和全面的技术认识上。这种技术理解建立在教师深厚的技术哲学素养与技术实践体验的基础之上,是个体与技术相互作用后,将技术的理性与科学性植入心理结构中的过程,是实现技术本质的"内化"与"建构"相统一的过程。寻找技术理解的确定性,使教师的技术认知结构有所改变,其关键在于对技术本质的理解形成量的积累,从多元化的视角去审视技术。第二,技术态度是技术理性与感性结合的产物,从理性层面上讲,正是由于建立在理性判断的基础上,技术教学的重要性、困难性、性别信念才具有稳定的品格,而这种理性判断的基础则是个体与社会环境长期交互过程中内化至自身的心理结构中的;从感性层面上讲,对技术的自我效能感、愉悦感、困难感知、外部资源依赖是教师对技术的内在需求与情感指向的表现,为使得教师的技术态度形成明确指向,首先应建立个人图式来过滤和管理技术信息的接收和组织,对技术对象、技术情境与技术行为形成一种内在的预期。第三,技术行为的发生既受理性因素(技术之知)的影响,也受到非理性因素(技术情感)的影响,想要实现三者的良性循环与有机运行,首要前提应保证技术行为的动机驱力和执行机制的实现,并由此形成技术行为的内在调节机制,成为产生合乎教师群体期待和社会要求规范的技术行为内在动因。

"知—情—行"关系对教师开展技术教学有着重要启示,外显技术行为的改变受到内在理性与非理性因素的控制与调节,它是一个由简单到复杂、由输入至输出、由浅入深、由内至外的循环迭代过程,也是技术理性与技术感性相互作用的过程。

二、对高中通用技术教师队伍建设的研究启示

(一)重塑高中通用技术教师的多重身份

Furlong(2013)认为,身份不能被视为个人的固定产物,相反,它被认为是一种社会化的过程;在社会化过程中,身份可以被接纳,也可被重新塑造。因此,身份的形成是一个概念化的双重过程,包括了识别和协商两个方面。"我们不可能通过自身去成为人类"(Wenger,1999),这意味着高中通用技术教师身份的重塑也不可能通过他们自身去建构,与个人的经历、他人、社会以及个人技术教学知识息息相关。Clandinin 等(1999)用"集体认同"这个术语阐释了"核心身份的塑造是应置于具体的情境中的且

具有身份共性的。"Staples(2003)则认为,"高中通用技术教师的集体身份塑造是为了明确关于教师的职能角色,即传播何种特定的技术知识"。由于政治、社会和教育的变化导致了这种集体认同受到挑战,高中通用技术教师身份的塑造应置于更为复杂的环境中,包含了对学科地位的感知、学科内容、技能的把握与外部资源依赖等。因此,高中通用技术教师多重身份的塑造应从学科地位、学科内容与外部环境资源等多个维度去考虑。

从学科地位看,通用技术课程和信息技术课程作为技术课程,虽然已成为我国普通高中课程结构的八大领域之一,但从我国技术课程评价的实际来看,仅有少数省份将技术课程列入学业水平测试或小分值与高考挂钩。整体来看,技术课程还在基于校本层面上进行课程评价,这也直接导致了技术教育在实践中处于"低地位"的状况。面对此种情况,高中通用技术教师的身份不仅仅是"传道授业解惑者",还是开展"技术育人"的提倡者和拥护者,普及技术素养重要性与必要性的先行者。

从学科内容看,高中通用技术课程涉及的内容较为广泛,教学内容呈现递进关系。如必修部分涉及技术与设计的相关知识,它要求教师以设计者的身份去发现与明确问题、制定与优化设计方案、编写技术设计说明书,这也就确立了教师的技术设计者身份;再者,由于技术学科独有的复杂性和特殊性,技术素养的形成不仅涉及技术知识,还包括技术能力、情感、价值观和思维等,它们的传递有赖于教师的"身教"与"示范"。因此,高中通用技术教师还具有技术示范者与操作者的身份。

在面对外部环境资源供给不足时,高中通用技术教师应充分发现周边自然环境的技术可用性,挖掘开展技术教学的社会资本与文化资本,实现技术教学条件由劣转优,身处教学环境劣势下的高中通用技术教师已然是一位技术环境的创造者与开发者。因此,在加强高中通用技术教师队伍建设中,首先应该挖掘和明确他们在不同情境中的多重技术身份,如此才能形成对技术本质的准确理解和对技术教学的积极态度。

(二)提升高中通用技术教师在教学中的愉悦感

研究结论发现,高中通用技术教师教学愉悦感的提升受内部和外部两类因素影响。内部因素涉及了技术课程内容,如技术教学实例、技术教学活动、技术产品设计等,新的教学内容易使教师对新技术充满了期待与兴奋,因此定期更新技术课程内容与技术工具有助于提升他们在教学中的愉悦感;再者,在招聘高中通用技术教师时,可将乐于与学生相处、喜欢学习和使用新技术的群体作为优先引进对象,以增进师生间愉悦感的传递;再者,开展通用技术教学活动的灵活性较强,技术课堂较难把握与操作,可通过适当减少班级规模、合理放宽对课堂纪律的要求、增加技术教学辅助人员、减少教师平时额外的行政工作量、增进教师间交流与协作等措施来提升其愉悦感。从外部因素看,适当提高高中通用技术教师的工资待遇、给予技术课程足

第五章　技术理解、技术态度与技术行为的发展对策

够重视、给予技术教学活动足够的资金支持、对维护技术实验室和装备提供额外帮助、向公众宣传技术教育的价值意蕴都有助于提升高中通用技术教师的教学愉悦感。

(三)关注高中通用技术教师培训的"质"与"量"

高中通用技术教师培训应重点关注"量"与"质"两个方面。在"量"方面,接受培训次数多的教师技术理解、技术态度与技术行为表现甚好,故学校或教育部门应提供给高中通用技术教师足够多的培训机会,鼓励每位教师积极参与课程相关的培训,以量变促进质变。在"质"方面,培训内容不仅应围绕整合技术的学科教学知识开展,还应以态度情感价值观为核心,形成知识与态度的合力,以促进技术行为的正向发展。因此,在针对教学内容开展教师培训时,首先应对高中通用技术课程标准、技术学科内容、课程教材进行深入解读,使得教师在讲述课程内容时能以学生易理解的方式呈现。再者,技术教学法的培训也尤为重要,多数教师面对不良的技术问题情境时仍会出现手足无措的状态,如何运用技术工具去解决技术问题、反思技术教学经验也是在培训中应克服的难题;此外,培训内容不应仅局限于课程和教师,高中通用技术教师在教学过程中的情绪波动、行为倾向、技术价值取向也值得被关注,尤其应当关注高中通用技术教师在培训过程中产生愉悦情绪和满意感的刺激,这是强化高中通用技术教师态度的根源,故聚焦教师技术专业态度的培训模式值得一试。

(四)重视高中通用技术教师学科教学知识的生成

学科教学知识作为内容知识和教学知识的有效融合,是指对特定学科知识进行教与学的研究,它致力于为学习者带来最佳学习体验的策略。想要拥有学科教学知识,教师首先应该知道如何灵活使用不同的教学方法,使学习者获得最佳学习体验,它包括了面对不同学习风格、能力、兴趣的学习者和复杂的学习环境所调整的教学策略。从认识论的视角来解读高中通用技术教师学科教学知识,它是指技术知识、技术能力、课程内容、教学原则和策略等一系列的知识储备,而从方法论的视角看,它是指如何运用和实践知识,是对理论知识的反思与践行。Demiranda(2018)认为,高中通用技术教师的学科知识、教学技能、教学倾向是学科教学知识发展的重要基础,且学科教学知识中的知识结构取决于个人学科背景。针对结论中提到的职前专业不同引起学科内容知识对技术态度的差异,本书认为应从学科知识、教学法两方面入手去挖掘我国高中通用技术教师学科教学知识的生成路径。

(五)关注不同发展阶段高中通用技术教师的教学需求

研究发现,不同发展阶段的高中通用技术教师在关注对象上呈现显著差异,这意味着给予老、中、青高中通用技术教师教学支持时严禁"一刀切",应切实分析不同教龄段的高中通用技术教师所面临的教学困难,对具体问题展开具体分析。例如,教龄超过15年的成熟型或专家型高中通用技术教师虽已掌握丰富的技术教学经验,

形成了鲜明的教学风格,但由于年龄偏大,面对日新月异的技术难免会产生惶恐不安的情绪,因此在教学培训中应常向他们提供新技术的最新资讯,展示并传授最新技术工具和实践场地的使用方法,使其学科相关知识始终与时俱进。教龄在11~15年的高中通用技术教师虽对技术课程内容有独到的见解,但由于受到教师专业成长过程中"高原期"的影响,隐性的技术实践性知识并没有被完全激活,对作为活动的技术的认识仅是技术活动外在表现形式的认识,并没有上升至一般的理性理解,因此在面对该发展阶段的高中通用技术教师时,当务之急是让他们学会挖掘各种技术问题背后隐藏的教学理念。教龄在6~10年的高中通用技术教师虽已具备基本的教学能力,但仅限于在熟悉的环境中运用,对复杂和不良情境中的技术问题仍无法灵活处理,故而自我效能感与外部资源支持认同度都相对欠佳,因此,该发展阶段的高中通用技术教师应学会对教学策略的反思并寻求教学活动设计上的帮助与支持。教龄在5年及以下教龄的高中通用技师虽得到了较多外部资源支持,但仍缺乏对课程系统性和全面性的把握,对技术的理解仍是表面的、抽象的,因此还需向该发展阶段高中通用技术教师提供更多技术教学实例的支撑,以帮助他们对自身教学能力的反思与提升。

(六)重新确立高中通用技术教师对技术本质的理解

研究发现,高中通用技术教师以狭隘的眼光去审视技术,就会对技术态度与技术行为的形成产生负向的影响。因此,有必要重新确立高中通用技术教师理解技术的方式。技术的本质绝不是技术的,它是一种看见自然的方式,是让所有本质上的东西自我揭示,成为人类可以加以利用的潜在资源(特拉夫尼,2012)。技术所追求的是要世界去配合它,而不是要它去配合世界,因此目前存在问题并非由技术本身引起的,而是存在于随技术而来的态度之中。埃吕尔认为技术是一种物,它指导人类的生活,人类生活必须向它屈服并进行适应,技术是一种向死而生并能自我决断的有机体。因此,高中通用技术教师对技术的理解不应仅限于对其表现形态和外部关联,而应将其置于自然中去理解。技术加强了我们与自然的联系,确立了真正意义上的技术教学活动,故确立了在技术教学过程中的人性。"技术是对自然的编程,是对自然现象的合奏和应用"(阿瑟,2014),技术教学并不是有意而为之的,一定是为了解决某类问题而采取的某种技术手段、态度或行为。个体在发现技术问题、使用技术方法、开展技术教学、解决技术问题的过程中都是极度自然的。因此,高中通用技术教师在理解技术时应秉承"合乎自然"的原则,从人与自然和谐共处的高阶视角去全面把握技术教学,阐释技术,如此便不难理解技术所呈现的多种形态与外部联系。

(七)全面考虑教师技术态度的形成原因

"对信源的依赖程度与该信源同被访者态度的一致程度有关"(迪尔克斯 等,

2006），人们通过哪些信源形成对特定事件的看法，一定程度上取决于他们对那些信源的信赖程度。例如，在面对技术教育在基础教育中的重要性探讨时，认为该课程重要的一方就会寻找媒体和报纸上的相关报道去更多地了解技术教育重要性的地位，进而发现他们所接触到的信源来源更加可信，技术教学态度就更为积极；而认为该课程不那么重要的一方则不会主动关注和寻找相关报道，甚至避免与支持者交谈，对可接触的支持者的信源信赖度较低，技术态度也相对消极。因此，想要提高教师的技术态度，需为他们提供能接触到的且更加可靠的信源（如正式培训、媒体宣传、专家讲座等）。

态度的形成受理性与非理性因素的控制。理性层面上形成的态度是基于信息的决策与判断，如高中通用技术教师在感受到该学科弱势地位时，难免会产生不受外部资源支持的行为倾向，此种态度的形成综合了个人经验和理性判断；而在非理性层面上形成的技术态度可能出自个人利益或某种意识形态的引导，如高中通用技术教师普遍认为技术课程相对其他学科的教授是复杂和困难的，但此种情绪的表达可能为了引起国家和地方的重视以获得学科关注，态度的形成并非完全基于客观的技术体验，可能仅仅取决于个人动机和利益。此外，教师自身技术态度的形成也受到了他人专业态度的影响，如科学教师秉持"男性在科学学习上的表现优于女性"的观点，高中通用技术教师在与之交流中更易持有性别刻板印象，不同学科中的专业态度也是相互影响的，且个人生活态度对专业态度也是有所影响的。因此，想要提升教师面向技术的专业态度，对教学大环境或个人意识形态进行宏观调控或积极引导是有必要的。

（八）弥合专家和教师对技术理解与态度的差异

研究发现，高中通用技术教师的技术理解与专家观点存在差异，这些差异或许不能全归结为高中通用技术教师的技术哲学素养不够高或技术能力不够好，也有可能是他们与专家的评判模式和控制地位不同导致的。在评判模式方面，专家与普通高中通用技术教师的视角不同，未曾考虑到技术作为活动在现实教学情境中需考虑的风险与收益，如在评判作为活动的技术时，教师主要是从教学视角出发，对技术活动的成本与效益进行全面分析。在控制地位方面，与普通高中通用技术教师不同的是，技术哲学家眼中的技术是高度抽象和概括的，这便于他们从高处去俯视技术的革新以及带来的变化，从而轻易预测和控制技术。然而作为一名通用高中通用技术教师，他们面对的是具体的技术产品和工具，面临的任务是要将技术知识、能力、态度、思维传授给学生，这种技术教学过程是不可预测且潜藏危险的，技术工具的使用也存在不可控性，教师极易陷入被动的地位。想要弥合专家和高中通用技术教师对技术本质的理解差异，使抽象的技术准确落地，前提是足够了解高中通用技术教师的理性原则；也就是说，专家应在具有解释性框架的语境中赋予技术教学现实意义，权衡其实际风险与现实收益,给出可用于指导技术教学的实用理论,由"抽象概括的技术理解"转向"专家诠释下面向实际教学的技术理解"。

三、对高中通用技术教师专业发展的研究启示

教育理论如果能够建立自我修正的过程,并根据教学实践来审视自身,就会获得科学性。研究发现,高中通用技术教师的技术理解、技术态度与技术行为的生成是学校与社会相互作用的结果,想要构建高中通用技术教师专业成长的新生态,有必要将高中通用技术教师的教学活动置于学校和社会的情境中。根据上述启示,本书给出了三条促进高中通用技术教师专业发展的新路径,如图 5-1 所示。

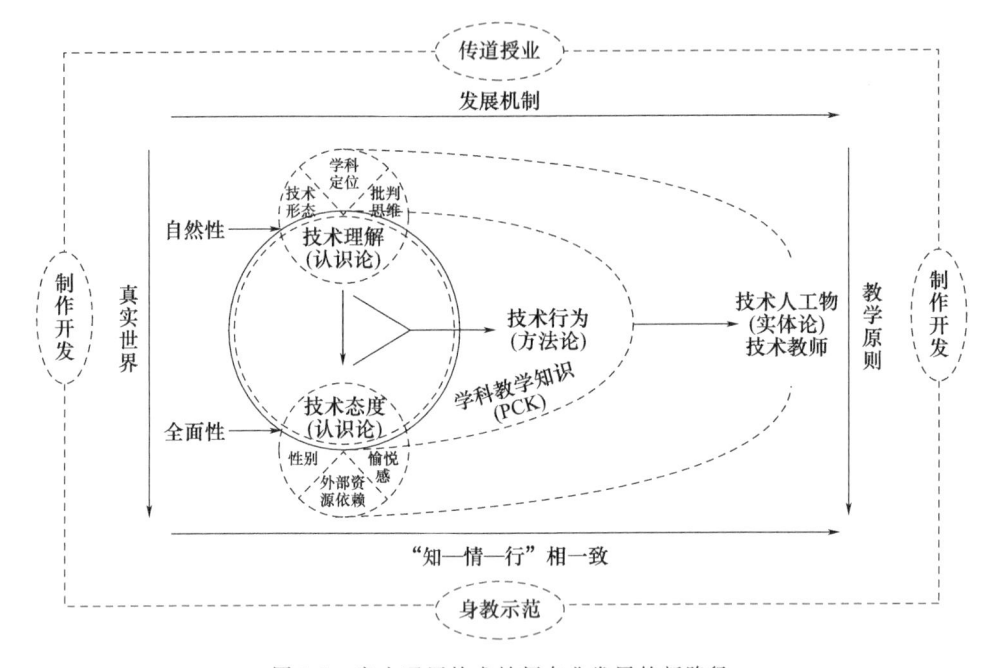

图 5-1 高中通用技术教师专业发展的新路径

(一)内生之路:遵循技术生成的内在规律

高中通用技术教师专业发展路径的科学性取决于技术生成的科学性。将高中通用技术教师的技术理解、技术态度、技术行为量表与米切姆技术哲学框架进行叠加是合理的,这也意味着寻求高中通用技术教师专业发展的路径与米彻姆追问"技术是什么"的路径呈现高度一致性,其教师专业发展的内生之路应遵循技术生成的内在规律。从图 5-1 得知,对技术的准确理解是形成积极技术态度、促进正向技术行为的先决条件,高中通用技术教师专业发展首先应关注自身对技术的理解,重视技术的表现形态、技术的学科定位与技术批判思维这三个方面,着力构建技术在教学、

交互、课堂中的自然性;同时,应当关注技术态度对技术理解与技术行为的中介作用,尤其是性别意识、愉悦感、外部资源依赖对技术态度的影响,寻找学科知识与教学方法的契合点,在此相互作用的过程中,构建一个可重复操作以涵盖教师技术行为的系统。

(二)外铄之道:构建技术教学的外部环境

外铄之道意在通过构建外部技术教学环境来促进高中通用技术教师的专业发展,这种模式一般依赖外部培训、行政命令、资源支持与教学改革来实现。我国高中通用技术教师专业发展的外铄之道可依赖于以下四条策略。第一,由国家、政府、教育部门、学校形成四股合力,向高中通用技术教师提供知识、能力、资源等智力和物力支持和培训,促进该课程的可持续发展;第二,教学程序、教学原则、评价机制都有章可依、有据可循,将教与学过程中的对象化繁为简;第三,高中通用技术教师在学习中应力求"知—情—行"的统一,而不是仅将对学科专业知识、学科专业能力和教学评价能力某一方面加以重视,只有三者协调发展才可促进高中通用技术教师的专业能力全面发展;第四,加强教师对技术环境和资源的敏感性和敏锐度,生活处处皆可用于教学,教师应积极开动智慧,整合身边的生活资源,关注相关实物的可替代性。

(三)内修外塑:实现多重身份的自我认同

对职业的专业认同度是以发展良好的学科为基础。我国高中通用技术教师作为拥有专业性知识的职业,其多重身份的构建与个人的技术理解有着紧密联系。当教师将技术视为知识时,其责任在于传道授业解惑,教师的身份为技术知识的传播者;当教师将技术视为意志时,他赋予了技术人的意志和态度表达,教师的身份为技术的拥护者和提倡者;当教师将技术视为过程时,教学方法也随之改变,身教大于言传,"案例+示范"可以更有力地解读技术,此时的教师是一位技术示范者;当教师将技术视为人工物时,教师需开展技术的制作开发、设计创造等一系列操作,此时的身份便是一位技术设计与制作者。高中通用技术教师对个人身份的认同依赖于对技术理解、技术态度与技术行为的内在修炼,借助于外部力量对教学发展机制、教学原则、教学过程、教学环境的外塑,唯有通过内修外塑,高中通用技术教师才能实现个人多重身份的自我认同与流畅切换。

第二节 提升策略

一、量质并重加强高中通用技术教师队伍建设

高中通用技术教师作为学科建设、课程开发、教学实施的关键人物,对学生技术态度、技术理解乃至技术素养的形成有着重要影响。研究发现,我国高中通用技术

教师队伍可能存在女性技术教师人数少、学科背景差异大、职前专业与技术教学内容无关等问题,故提出提防技术学科中的性别隔离、重视高中通用技术教师学科教学知识的生成和提升高中通用技术教师在教学中的愉悦感这三条研究启示。根据上述问题与启示,拟定以下三条加强高中通用技术教师队伍建设的建议。

(一)适当增加女性高中通用技术教师的数量

我国专任教师从1985年的931.9万人发展至2018年的1673.83万人,增长达79.6%,其中普通中学(包含普通初中、普通高中)专任教师中的女性教师比例从1997年的38.16%上升至2018年的55.82%,已占普通中学教师总人数的大半。然而,无论是在本次分层随机抽样中显示,还是对历届高中通用技术教师年会上男女教师分布的观察,女性高中通用技术教师仍占少数,两性数量分布不均的问题仍然存在,这也是导致技术学科产生性别隔离的主要原因之一。因此,在后续发展高中通用技术教师队伍时,应适当增加女性通用技术教师的数量,赋予女性通用技术教师同等的职业期许和信任,以增强她们对通用技术教师身份的认同感,从而形成对技术和技术教学的积极态度与正向行为。

(二)多渠道储备高中通用技术教师师资力量

研究发现,职前专业背景与高中通用技术课程的重要性较高的教师人数仅为极少数,多数高中通用技术教师皆为"半路出家",而并非"科班出身",这造成了不同学科背景的教师在技术态度与技术行为上的显著差异。正是由于开设通用技术专业的高校并不多,故造成了高中通用技术教师师资短缺、"跨行转业"现象居多的现状。因此,有必要从多渠道、综合化的视角去考虑高中通用技术教师专业师资力量的储备。首先,在师范院校中物理、化学、电子、工程、设计、技术史等学科类别上增设通用技术教育方向的专业,培养对材料、制图、设计和流程等技术知识较为熟悉且具备一定技术能力的专业人才。其次,在具有一定教育学学科资源的工科院校和理科院校开设技术教育专业,采取工程学院与教育学院的联合培养的模式,充分运用原有的教育学资源,融合教育学、科学和工学等多个学科,发挥工科教育、工程教育、科学教育在高中通用技术教师培养方面的优势。最后,在人力资源较为强大的师范院校中也可增设"技术教育"二级学科,或将"劳动教育"与"技术教育"专业合并增设为"劳动技术教育"二级学科,以便为基础教育阶段劳动教育和技术教育储备专业师资力量。

(三)着重强调高中通用技术教师教学专业性

首先,我国高中通用技术教师的招聘一般要经过笔试和面试两个环节。笔试环节主要考查教育基本理论知识和学科专业知识,多为可记忆的陈述性知识,缺少对技术程序性知识、技术默会知识以及学科教学知识的考查。面试环节虽以说课或试讲的形式考查考生的教学表现力,但由于说课和试讲可以反复练习和准备,对考生技术教学态度的判断难以在短时间的面试过程中得出,便无法真实考查出考生的实际教学水平与能力,对其技术课程的胜任力也难以知晓。其次,由于高中通用技术教师资格在学科与学段的随意通融,对考生的学科背景不作过多要求,高学段的教师资格证书可用于低学段的教学,从而出现了考生哪怕获取了资格证书却仍对各个学段的通用技术课程内容不甚了解,对课程蕴含的学科素养一头雾水、对技术课程的特殊性与复杂性全然不知的情况,降低了技术教学的专业性。再者,学校在招聘时虽会分析高中通用技术教师应具备哪些能力和品质,但仍处于经验判断阶段,没有对技术学科需求形成系统的认知,致使新入职的高中通用技术教师在学科相关知识、学科教学方法、技术产品制作和技术活动设计能力等方面都存在缺失,所选拔出的教师无法真正胜任教学,故不易在技术教学过程中产生愉悦感、幸福感、亲近感和责任感。因此,高中通用技术教师的招聘应着重强调其专业性考核,要求教师形成对技术的准确理解,产生对技术教学的深厚感情,融会贯通技术学科教学知识,从源头上加强高中通用技术教师的队伍建设。

二、多管齐下提升通用技术教学成效

研究发现,高中通用技术教师对多种技术形态的认识仍不深刻,对技术人工物缺乏内在研究,对技术知识缺乏方法论层面的思考,尚未意识到从心灵和身体共同出发。故将技术知识、技术思维、技术能力、技术态度融于现实技术教学过程中,提出了全面审视和呈现技术知识的形态,突出技术教学活动中的批判性思维和回到技术人工物本身的研究这三条研究启示。为解决上述问题,本书拟提出以下三条建议,多管齐下提升通用技术教学成效。

（一）"范例＋规则"增强技术教学理解

波兰尼在讨论技能、技艺和鉴别的培养时,特别强调"通过范例学习"。"一种难以说明细节的技艺不能通过规定来传递,因为对它来说不存在规定,只能通过范例由师傅传给徒弟"(郁振华,2012)。高中通用技术教师提供范例,学生便可通过模仿该范例去获得该技术产品生产、制作的"类比思维"与"范例推理"。同样,教师在寻找、制作和生成各种范例的过程中,无形中会对技术的各种形态加深认识。技术范例不仅传播了作为知识的技术、实现了技术人工物的生成、展示了技术活动的过程,还传达了人类的技术意志,可大幅提升师生双方对技术的理解。此外,技术规则是关于技术加工方法和工具操作步骤的程序化指令,它借助一系列的指令来编排技术行动,呈现清晰且直接的技术教学程序,增加了学生对技术教学的理解。因此,可通过"范例＋规则"的方式来提升技术教学成效。

（二）"心灵＋身体"加深技术教学体验

恰如庞蒂(2001)在《知觉现象学》中所言:"身体是在世界上存在的媒介物,拥有

一个身体,对一个生物来说就是介入一个确定的环境,参与某些计划和继续置身于其中。"在技术教学过程中,身体不仅是知觉的主体,是"知性的身体",更是"自然的自我",它承担着自我与技术世界的交流,觉知着"在技术世界中的体验",揭示着"我"与技术世界的"意蕴"。从"心灵+身体"的视角去审视技术,意在揭示技术教学中的身体既不是机械生理学中的客体,也不是身心二元论中我思的对象,更不是被心理学认定为无"内感受性"的肉体,而是我们在技术学习过程中一切行为与态度的核心力量。首先,在"心灵"和"身体"相互作用下,技术教学应重视身体感官与外部世界的联系,从感官的各个方面把握技术工具;其次,根据技术任务的复杂性与学习阶段水平给予相应程度的唤醒,挖掘身体各部分联合在一起所发挥的最大化价值机制,从而实现身体空间向技术任务呈现的最佳姿势;再次,技术教学中应为学生创设多种不良结构、与现实世界紧密联系的技术情境,明确告知技术实践任务、提供技术操作指导语,借助技术模型、现代化技术设备、问题情境等多种手段使身体积极主动地融入到技术学习中去;最后,成功的表达使言语的意义作为一种新的感官置于学习者中,使之成为身体的一种能力。"言语是一个动作",技术教学需借助身体的各项感官辅助记忆,以拟身化的言语表达技术教学的方法与流程,实现主体间意向的交换和能力的交接,从而增强心灵和身体在技术教学中的体验。

(三)"身教+示范"强化技术教学实践

知识与行为是紧密地联系在一起的,知识的主要表达形式不是命题,而是行动和实践。恰如个人关于数学和物理学的知识不是从广泛的阅读中得来的,而是从对数学的、实验的和技术的操作中获得的。同样,高中通用技术教师无法运用纯粹语言来表达技术教学的全部知识,学生更不可能通过听取教师的言语提示而获得某种技术能力,师生技术素养的获取和生成还得依赖于个人的身体力行与技术实践。技术教学实践不仅是传达新的技术知识、技术规划、技术标准的过程,它还凭借着教师的"身教"和"示范",从而加深了学生的技术情感、技术意识与技术思维,使双方在身体上产生了互动与交流。因此,技术教学成效的强化体现在技术行为和实践上,还需教师以"身教+示范"的形式来提高学生的实际技术操作能力,引导学生将自身的技术素养转化至技术生产和生活中。

三、内外兼顾变革高中通用技术教师培训思路

培训作为教师专业发展的途径,其内容、质量、模式对教师的职业观、教学观和课程观都有着极为重要的影响。研究发现,高中通用技术教师的技术理解对技术态度与技术行为均产生了显著的影响,技术态度对技术行为产生了积极正向的作用,技术态度是技术理解作用于技术行为的中介变量。高中通用技术教师参加的培训次数越多,对技术的理解、态度、行为越准确、积极、正向,但他们在技术教学中仍存

在性别刻板印象,故而提出正视技术教学中的性别差异、关注高中通用技术教师培训的质与量、关注不同发展阶段高中通用技术教师的教学需求这三条启示。针对上述问题与启示,本书为变革高中通用技术教师培训提出以下三条建议。

(一)破除高中通用技术教师的性别刻板印象

破除高中通用技术教师的性别刻板印象可以从教材、培训、师资设置三方面着手。在通用技术课程教材编制过程中,应做到女性与男性技术家的案例平分秋色,多添加女性优秀的技术典范,为女性通用技术教师和学生增加积极的心理暗示;在设计技术教学情境案例时,虚拟人物的名称应少以男性化的名字命名,如张伟、王军等,应尽量使用中性化的名字,如徐敏、李云。在教师培训中,尽可能强调男女教师的平等地位,肯定女性通用技术教师的教学成效,并选派相同数量的男女通用技术教师代表分享技术教学经验,以增加女性教师在教学中积极的自我形象。在师资设置时,女性与男性通用技术教师一样,同样应被委以重任,且各省在通用技术教师教研员职务任命时应优先考虑性别均衡问题,防止有向男性教师过于倾斜的现象。总之,破除性别刻板印象首先需要教师、学校、社会三方都能意识到该问题的重要性,形成一股合力从多方面共同解决根源问题。

(二)确保高中通用技术教师培训的优质适量

高中通用技术教师的培训应重质重量,优质适量。在质方面,首先,培训应着眼于通用技术教师薄弱的环节,如针对学科教学知识水平薄弱的情况,培训中不应单独呈现学科内容和教学法知识,还应聘请课程标准组的成员从大格局、小细节处着手,对具体的技术活动设计、典型的教学案例进行细致讲解,切不可脱离教材讲教学,也不可离开具体教学情境说课程,切忌使培训内容流于空洞的形式主义。其次,培训过程中使专家观点能有效传达给教师也是有待解决的问题之一。很多专家的教学思想和技术观点在一线通用技术教师看来会存在"不接地气""无法实际操作"的问题,这就导致了高中通用技术教师哪怕在接受培训后也无法获得真正意义上的提升。为弥补专家和一线教师间对问题理解的差异,专家在培训过程中应尽可能将理论思想融入真实的技术案例,针对不同情境给出相应的操作步骤和理论依据,使教师抽象的技术观点在生动活泼的案例中得以落地和传达,通过培训加深教师对技术本身的理解,从而助力积极技术行为的形成;再者,针对不同教龄教师的教学需求,专业培训的内容和面向人群也应有所不同,应定制符合不同教龄教师需求的专业培训,切莫追求"短平快",对各阶段高中通用技术教师的培训内容都实行"一刀切"。

在量方面,学校应给予每位高中通用技术教师一定量的培训次数。过少的培训次数会不利于高中通用技术教师专业发展,使其无法融入专业氛围内,更易产生外部资源不支持的想法;过多的培训次数则会使教师产生厌烦情绪,对其家庭与工作的平衡更是无益,每年4~6次培训最为适宜。

(三)力求培训中"知—情—行"统一

高中通用技术教师的培训顺序应遵循技术生成的逻辑,从认识论向方法论转变、由方法论走向实体论的路径。因此,构建"知—情—行"一体化的高中通用技术教师培训模式应以技术理解为先导、技术态度为核心、技术行为为抓手。以技术理解为先导是指在培训过程中,要向高中通用技术教师明确技术的本质、技术课程的学科素养、技术课程的内容结构、技术课程的教学目标、技术课程的性质等,使教师对技术本身、技术课程、国家标准、技术教学方法都有深入的理解。以技术态度为核心是指,在培训过程中应关注高中通用技术教师的技术意识、技术情感、技术价值观的培养,形成对技术教学正确的认知、积极的情感和正向的行为。以技术行为为抓手是指,在培训过程中应采取相应措施来干预、纠正不良的技术行为,通过树立高中通用技术教师典范、制定技术教学规范、实施技术行为督导等措施来保证"知—情—行"的统一。

四、多措并举促进技术教学良性发展

首先,由于不同场域中的技术教学资本存在差异,乡镇和城市的高中通用技术教师很难从天然的技术情境中获取教学的素材来源,因此,发现生活中的技术问题、创设面向真实世界的技术教学情境便成为高中通用技术教师首先要面对的问题;其次,高中通用技术课程的教学成效目前仍以量化的分数形式开展评价,导致教师面对这门"认知与实践并重"的学科时仍带有不少焦虑和困难情绪,将技术教学程序化繁为简,完善和转变原有的评价体系,使之有利于高中通用技术教师成长与技术教育发展;再者,教师认为外界给予技术教学的资源支撑甚少,这对他们开展技术教学实践提出了较大的挑战,故应建设技术课程的可持续发展机制。针对上述问题和启示,本书给出以下建议。

(一)创设面向真实世界的教学情境

技术教学所面向的真实世界是指自然世界与人工物世界相统一的世界,是感性和理性共同把握的世界,其活动对象源于真实世界并服务于真实世界。因此,面向真实世界的技术教学情境应从真实的情境、真实的问题、真实的技术任务、真实的教与学过程、真实的成果五个方面去把握。真实的技术情境是指真实世界中客观存在的情境,是可感的、具体的、明确的、多变的、复杂的且结构不良的现实情境;真实的问题是指在技术领域中真实而又有价值的技术问题,包括不同技术类别、不同技术要素、不同技术层面所蕴含的技术问题;真实的技术任务是指连接学生课程内容与真实世界的任务,其真实性与课程目标高度吻合;真实的教与学过程是指教师和学生在教与学的过程中不断自我建构、提升和形成技术素养的过程;真实的成果是指学生的成果具有实际意义或实用价值。面向真实世界的技术教学情境创设遵循了技术学科逻辑与真实世界逻辑的统一性,是教师"发现技术"的眼睛、"创造技术"的双手、"设计技术"的脑子以及"组织技术"的灵感共同协作的成果。

(二)完善高中通用技术教师的教学评价体系

技术教学的评价体系完善可以从评价理念、评价内容、评价标准和评价方法这四个方面着手。技术教育的目的并不仅是指知识、能力的获得,还包括积极学习态度、创新精神、实践能力、健康身心品质等各种素质的综合发展。它不是一门仅关于认知的学科,还是关于人如何发展的学问,我们有必要拓宽技术教学评价内容的范围,建立起对技术知识、技术态度、技术能力、技术思维、技术行为等多要素在内的、完整的评价内容体系。再者,在以往技术教育成果评价中,倾向于以分数和作品来考查教师和学生的教学成效,这难免忽略了技术实践过程中表现出的情感、意志等内容,故重新制定全面且具体的评价标准是必要的;此外,单一的量化评价往往会掩盖复杂的技术教育背后的真相,将有价值、有意义且无法量化的过程性学习排除在外,对技术教育的人文价值视而不见,如此便无法实现对学生在技术学习上知、情、行三方面的综合考虑。完善高中通用技术教师的评价体系,不仅有助于破除功利化技术教学,更对缓解教师紧张情绪、减少困难感知有着积极影响。

(三)加强技术课程的教学资源建设

高中通用技术课程具有极强的实践性,仪器、设备、工具、模型、技术试验室、技术实践基地都是开展技术教学不可或缺的重要物质载体。加强技术教育的软硬件资源建设可从政府、学校、教师这三方面着手:在政府及相关部门层面,可从软硬件环境标准制定、经费拨付、耗材供应、安全保障等方面形成对技术教育的支持体系;在学校层面,管理部门可积极整合既有的学校资源和外部社会资源,从科学、电子、工程等学科实验室中选择可用于技术课堂中的现有仪器、工具和设备,并号召老师和学生自己动手,因地制宜,利用其他资源制作可替代的简易仪器、设备等;在教师层面,应积极开动智慧,整合身边的生活资源,关注相关实物的可替代性,如为了让学生明确不同的木工工具,教师可以将其与日常生活相结合,结合实物进行讲解;对于无法用实物进行体验的课程,教师可选择多媒体视频或人工智能设备来辅助教学,帮助学生感知不同材料、结构、属性的技术工人物特性。

五、以点带面营造技术教育健康生态

健康的技术教育生态圈离不开教师、学校、社会的支持。想要教师具备积极正向的技术态度和行为,首要前提是给高中通用技术教师赋能,让教师参与技术学科的决策过程,建立与技术教育的专业情感,弥合个人与专家间的技术态度和理解差异;但仅靠教师自身努力是远远不够的,还应树立正确的课程价值观导向来明确技术课程的学科定位,加强技术文化建设与人物宣传等措施来形成积极的技术态度,以点带面营造技术教育的健康生态,故提出以下三条建议。

(一)赋予高中通用技术教师专业协商的机会

访谈中发现,一线高中通用技术教师在技术教学实践和技术教学方法上有着丰富的经验与深刻的心得,但由于在学科价值取向、技术关注范畴上与专家观点存在差异,而专家无法从一线教师的立场来理解技术教学,致使一线高中通用技术教师的专业自尊和教学自主权遭遇到了挑战,学科情感也为此受挫。

赋予高中通用技术教师专业协商的机会,是让高中通用技术教师参与技术学科的决策过程,可通过与学科带头人、政策制定者、高中通用技术课程标准制定小组进行知识共享、意义协商、观点碰撞弥合双方的技术理解差异、促进学科情感体验,利用项目参与、课题申报、学科会议等机会来表达学科观点与教学建议。通过构建技术教育线上共同体的形式实现专业自我,成为技术教育专业意义的生产者与贡献者,与技术教育建立专业情感,从而为技术教育的健康生态提供前提保障。

(二)树立正确的课程价值观导向

技术课程不仅是围绕知识、能力的教与学,它更多地定位于培养学生技术素养,面向"素养取向"和"生活取向"。"素养取向"是在强调学生理解技术、使用技术、评价技术、管理技术等技术能力,重在形成技术意识、发展技术思维、创新能力及批判精神,引导学生了解技术对文化发展的重要性以及技术在社会中的作用,帮助学生以安全的方式使用各种技术产品、挖掘技术潜力和兴趣,围绕个人兴趣和社会需求设计技术方案。"生活取向"是指帮助学生积极投身于技术活动中,熟练使用技术系统和工具,根据时代需求,开发、设计、制造出与时俱进的技术人工物。因此,高中通用技术教师在开展技术课程教学时,应摒弃"技术知识至上"的观点,重新确立"技术素养为重"和"生活服务为导向"的价值观,为家庭和社会中的技术教育树立榜样、提供参照。

(三)加强技术文化建设与模范宣传

想要教师、学生乃至公众得以形成对技术的积极态度,首先是普及理性的技术认识和宣传优秀的技术文化。现代社会中,技术多被视为工具和产品,这导致社会对技术形成"乱用"和"滥用"的态度,缺乏主动亲近、学习和创造技术的品质,缺少使用和应用技术的社会责任意识。为加强技术文化建设与宣传,可从社会、学校、家庭三个层面着手。在社会层面,应鼓励相关自媒体多报道最新技术的发展,引发大众对新技术的关注与思考;通过电影、电视等大众媒介对优秀技术人物进行宣传,使大众感受到技术模范的个人魅力;或录制相应纪录片向公众展示技术的百年变革或重大转折,以促进公众全面和辩证地审视技术。在学校层面,应破除师生对技术学科的偏见,摒弃"万般皆下品,唯有读书高"的狭隘认识,鼓励师生热爱技术生活、从事技术行业、创造技术产品、享受技术世界。在家庭层面,家庭技术教育与学校技术教学应该并重,父母尽量抓住家庭环境中的每一个技术问题、技术现象、技术话题去促进孩子对技术的深入思考与好奇心,通过一系列技术活动(如维修家庭用品、制作手工作品)去培养孩子对技术的兴趣,带孩子去一些科技场所,如博物馆、科技馆、农场等,从而帮助他们走近技术、理解技术、融入技术。

参考文献

阿瑟,2014.技术的本质:技术是什么,它是如何进化的[M].杭州:浙江人民出版社.
艾肯,2008.态度与行为:理论、测量与研究[M].北京:中国轻工业出版社.
柏格森,2001.创造进化论[M].姜志辉,译.北京:商务印书馆.
布迪厄,1997.文化资本与社会炼金术[M].上海:上海人民出版社.
布迪厄,华康德,1998.实践与反思——反思社会学导论[M].北京:中央编译出版社.
陈昌曙,2002.陈昌曙技术哲学文集[M].沈阳:东北大学出版社.
陈凡,程海东,2011."技术认识"解析[J].哲学研究(4):119-125,128.
陈秀丽,蔡凤珠,邵爱华,等,2015.上海市川沙地区不同性质学校小学生零食行为调查[J].中国初级卫生保健,29(1):103-106.
迪尔克斯,格罗特,田松,等,2006.在理解与信赖之间:公众,科学与技术[M].北京:北京理工大学出版社.
葛继红,周曙东,朱红根,等,2010.农户采用环境友好型技术行为研究——以配方施肥技术为例[J].农业技术经济,185(9):57-63.
顾建军,2015.十年来我国普通高中技术课程实验的成就分析与问题反思[J].教育研究与实验,163(2):29-36.
顾建军,2018a.技术的现代维度与教育价值[J].华东师范大学学报(教育科学版),36(6):1-18,154.
顾建军,2018b.面向真实世界,培养创新能力[J].江苏教育(51):72.
国际技术教育协会,2003.美国国家技术教育标准:技术学习的内容[M].黄军英,译.北京:科学出版社.
贺慧丽,2017.人格变量和人口学变量与拖延行为关系的比较[J].科教文汇(下旬刊),396(8):160-163.
凯根,哈费曼,启扬,1985.焦虑及其对行为的影响[J].外国心理学,17(2):39-41.
李季,张吉军,高海燕,等,2013.谏言行为在人口特征变量上的差异及应用[J].经营与管理,345(3):105-108.
李宁,邓侯欢,张小芳,等,2013.城乡幼儿教师教育观念差异的调查研究[J].求实,(S2):289-290.
林秀钦,黄荣怀,2009.中小学教师信息技术应用的态度与行为调查[J].中国电化教育,272(9):17-22.
刘海林,2014.实现通用技术课程教学目标存在的问题与改进对策[J].教育理论与实践,34(5):52-55.
刘慧,刘津伊,2017.城乡中学英语教师学科教学知识差异研究[J].开封教育学院学报(10):236-237.

参考文献

刘业政,王卫,赵勇,2007. 制造型企业员工离职的人口学变量影响因素研究[J]. 价值工程,163(11):29-31.

罗玲玲,于飞,武青艳,2009. 对技术概念理解的调查[J]. 现代教育技术,19(S1):22-25.

马惠霞,白学军,沈德立,2007. 论心理测验项目编写的科学性[J]. 心理科学,30(5):1110-1112.

马克思,1983. 资本论[M]. 北京:中国社会科学出版社.

马克思,恩格斯,1964. 马克思恩格斯全集(第16卷)[M]. 北京:人民出版社.

米切姆,2008. 通过技术思考——工程与哲学之间[M]. 陈凡,秦书生,译. 沈阳:辽宁人民出版社.

莫斯,涂尔干,于贝尔,2010. 论技术、技艺与文明[M]. 蒙养山人,译. 北京:世界图书出版公司.

庞蒂,2001. 知觉现象学[M]. 北京:商务印书馆.

司申丽,2013. 青少年问题行为与家庭环境、父母教养方式的关系研究[J]. 社会心理科学(2):90-93.

特拉夫尼,2012. 海德格尔导论[M]. 张振华,杨小刚,译. 上海:同济大学出版社.

王珺,2005. 论高等教育中学科专业的性别隔离[J]. 妇女研究论丛(4):17-20.

王士红,彭纪生,2012. 知识共享行为在人口统计变量上的差异性分析[J]. 科技管理研究(1):134-138.

温忠麟,张雷,侯杰泰,等,2004. 中介效应检验程序及其应用[J]. 心理学报,36(5):614-620.

吴国盛,2009. 技术哲学讲演录[M]. 北京:中国人民大学出版社.

吴明隆,2010. 问卷统计分析实务:SPSS操作与应用[M]. 重庆:重庆大学出版社.

吴卫东,骆伯巍,2001. 教师的反思能力结构及其培养研究[J]. 教育评论(1):33-35.

杨素真,2018. 刻板印象威胁研究概述[J]. 教育观察,7(16):87-89.

姚新中,隋婷婷,2020. 当代社会心理学视域下的知行合一[J]. 江苏社会科学,308(1):173-181.

郁振华,2012. 人类知识的默会维度[M]. 北京:北京大学出版社.

张华,2012. 个体特征与学校因素对中学生受欺负行为影响的多层分析[D]. 金华:浙江师范大学.

张丽琍,李乐旋,2012. 性别隔离对女性专业技术人员职业发展的影响[J]. 中国人力资源开发,270(12):17-22.

张之沧,2009. 科学技术哲学[M]. 南京:南京师范大学出版社.

赵志纯,安静,2014. 西北地区农村中小学教师课程改革认同特点——基于甘青宁三省(区)样本的实证[J]. 教育学术月刊,259(2):96-104.

中国心理学会,1994. 心理测验管理条例(试行)[J]. 心理科学(1):1-2.

中华人民共和国教育部,2020. 普通高中通用技术课程标准[M]. 北京:人民教育出版社.

钟炯,2019. 城乡教师TPACK差异及原因分析[J]. 教师教育学报,6(4):41-48.

朱剑,贾莹莹,2013. 学科性别隔离的国际比较[J]. 高教探索,134(6):98-105.

AJZEN I, FISHBEIN M, 1977. Attitude-behavior relations: A theoretical analysis and review of empirical research[J]. Psychological Bulletin, 84(5):888-918.

AJZEN I, FISHBEIN M, 1980. Understanding attitudes and predicting social behavior[M]. Englewood Cliffs: Prentice-Hall.

AJZEN I, 2001. Nature and Operation of Attitudes[J]. Annual Review of Psychology, 52(1):27-58.

AJZEN I,2002. Constructing a TpB questionnaire: conceptual and methodological considerations [D]. Amherst: University of Massachusetts Amherst.

AMBUSAIDI A, AL-FAREI K, 2017. Investigating Omani science teachers' attitudes towards teaching science: the role of gender and teaching experiences[J]. International Journal of Science and Mathematics Education,15(1):71-88.

ANDROULIDAKIS S,1991. Greek teachers' attitudes towards technology, A first approach[C]. Eindhoven: PATT 5 conference proceedings.

ANKIEWICZ P, RENSBURG S V, MYBURGH C, 2001. Assessing the Attitudinal Technology Profile of South African Learners: A Pilot Study[J]. International Journal of Technology and Design Education,11(2):93-109.

ANKIEWICZ P, 2019a. Perceptions and attitudes of pupils towards technology: In search of a rigorous theoretical framework[J]. International Journal of Technology and Design Education,29(1):37-56.

ANKIEWICZ P, 2019b. Alignment of the traditional approach to perceptions and attitudes with Mitcham's philosophical framework of technology[J]. International Journal of Technology and Design Education,29(2):329-340.

ARDIES J, DEMAEYER S, GIJBELS D, 2013. Reconstructing the Pupils Attitude towards Technology-Survey[J]. Design & Technology Education,18(1):8-19.

ARDIES J, DEMAEYER S, GIJBELS D, et al, 2015. Students attitudes towards technology[J]. International Journal of Technology & Design Education,25(1):43-65.

ASMA L, VANDERMOLEN J W, VANAALDEREN-SMEETS S I, 2011. Primary teachers' attitudes towards science and technology[M]// DEVRIES M J, VANKEULEN H, PETERS S, VANDERMOLEN J W. Professional Development for Primary Teachers in Science and Technology. Rotterdam: Sense Publishers: 89-105.

BAME E A, 1989. What do American teachers think of technology[C]. Eindhoven: PATT 4 conference proceedings.

BAME E A, DUGGER W, DEVRIES M J, et al, 1993. Pupils' Attitudes toward Technology-PATT-USA[J]. Journal of Technology Studies,19:40-48.

BARLEX D, 2015. Developing a Technology Curriculum[M]// WILLIAMS P J, JONES A, BUNTTING C. The future of Technology Education. Berlin: Springer,143-167.

BARON R M, KENNY D A, 1986. The moderator-mediator variable distinction in social psychological research: Conceptual, strategic, and statistical considerations[J]. Journal of personality and social psychology,51(6):1173.

BECKER H J, 1994. How exemplary computer-using teachers differ from other teachers: Implications for realizing the potential of computers in schools[J]. Journal of research on Computing in Education,26(3):291-321.

BECKER K H, MAUNSAIYAT S, 2002. Thai Students' Attitudes and Concepts of Technology[J]. Journal of Technology Education,13(24):6-19.

参考文献

BENTLER P M, SPECKART G, 1979. Models of attitude-behavior relations[J]. Psychological Review, 86(5):452-464.

BOSER R A, DAUGHERTY M K, 1998. Students' attitudes toward technology in selected technology education programs[J]. Journal of Technology Education, 10(1):4-19.

BRUNNER C, BENNETT D, 1997. Technology and gender: Differences in masculine and feminine views[J]. NASSP Bulletin, 81(592):46-51.

BURNS J, 1992. Student perceptions of technology and implications for an empowering curriculum [J]. Research in Science Education, 22(1):72-80.

CEBESOY U B, OZTEKIN C, 2018. Genetics literacy: insights from science teachers' knowledge, attitude, and teaching perceptions [J]. International Journal of Science and Mathematics Education, 16(7):1247-1268.

CHRISTINA T. The case for the six-point Likert [EB/OL]. (2018-7-9)[2023-4-20]. https://www.quantumworkplace.com/future-of-work/the-case-for-the-six-point-likert-scale.

CLANDININ D J, CONNELLY F M, BRADLEY J G, 1999. Shaping a professional identity: Stories of educational practice[J]. McGill Journal of Education, 34(2):189.

CONSTANTINOU C, HADJILOUCA R, PAPADOURIS N, 2010. Students' Epistemological Awareness Concerning the Distinction Between Science and Technology[J]. International Journal of Science Education, 32(2):143-172.

CORNO L, 1993. The best-laid plans: Modern conceptions of volition and educational research[J]. Educational researcher, 22(2):14-22.

COSTELLO A B, JASON W O, 2005. Best practices in exploratory factor analysis: Four recommendations for getting the most from your analysis[J]. Practical Assessment, Research & Evaluation, 10(7):1-9.

COULSON R, 1992. Development of an instrument for measuring attitudes of early childhood educators towards science[J]. Research in Science Education, 22(1):101-105.

DAVIDSON A R, YANTIS S, NORWOOD M, et al, 1985. Amount of information about the attitude object and attitude-behavior consistency[J]. Journal of personality and social psychology, 49(5):1184.

DAVIES J, BREMBER I, 2001. The Closing gap in attitudes between boys and girls: A 5-year longitudinal study[J]. Educational Psychology, 21(1):103-114.

DEKLERKWOLTERS F, 1989. The PATT-project, an overview of an international project in technology education[C]. Eindhoven:PATT 4 conference proceedings.

DEMIRANDA M A, 2018. Pedagogical content knowledge for technology education [M]//DE VRIES M J. Handbook of Technology Education. Berlin: Springer:685-698.

DEVRIES M J, 2016. Teaching about technology: An introduction to the philosophy of technology for non-philosophers[M]. Berlin: Springer.

DIGIRONIMO N, 2011. What is Technology? Investigating Student Conceptions about the Nature of Technology[J]. International Journal of Science Education, 33(10):1337-1352.

DURBIN P T,2006. Philosophy of technology: In search of discourse synthesis[J]. Techne,10(2): 4-319.

EAGLY A H,CHAIKEN S,1993. The Psychology of Attitudes[M]. Fort Worth: Harcourt Brace & Company.

EDWARDS A L,1957. Techniques of attitude scale construction[M]. Englewood Cliffs: Prentice-Hall.

FAZIO R H, ZANNA M P, 1978. Attitudinal qualities relating to the strength of the attitude-behavior relationship[J]. Journal of Experimental Social Psychology,14(4):398-408.

FESTINGER L,1957. A Theory of Cognitive Dissonance[M]. Redwood City: Standford University Press.

FISHBEIN M, AJZEN I, 1972. Attitudes and Opinions[J]. Annual Review of Psychology, 23: 487-544.

FISHBEIN M, AJZEN I, 1974. Attitudes toward objects are predictors of single and multiple behavior criteria[J]. Psychological Review,81:59-74.

FISHBEIN M,AJZEN I,1975. Belief, attitude, intention and behavior: An introduction to theory and research[M]. Massachusetts: Addison-Wesley Publishing Company.

FORD M, 1992. Motivating humans: Goals, emotions, and personal agency beliefs[M]. Newbury Park: Sage.

FURLONG C,2013. The teacher I wish to be: Exploring the influence of life histories on student teacher idealized identities[J]. European journal of teacher education,36(1):68-83.

FURNHAM A, CHAMORRO-PREMUZIC T, 2004. Personality and intelligence as predictors of statistics examination grades[J]. Personality and individual differences,37(5):943-955.

GAGNE R M, BRIGGS L J, 1974. Principles of instructional design [M]. New York: Holt,Rinehart& Winston.

GIOVANNELLI M,2003. Relationship between reflective disposition toward teaching and effective teaching[J]. Journal of Educational Research,96(5):293-309.

GÖK B, ERDOĞAN T, 2010. Investigation of pre-service teachers' perceptions about concept of technology through metaphor analysis[J]. Turkish Online Journal of Educational Technology, 9 (2):145-160.

GREENWALD A G,1989. Why attitude are important: Defining attitude and attitude theory 20 years later[M]// PRATKANISA R, BRECKLER S J, GREENWALD A G. Attitude structure and function. Mahwah: Lawrence Erlbaum Associates, Inc:429-440.

GREENWALD A G, BANAJI M R,1995. Implicit social cognition: Attitudes, self-esteem, and stereotypes[J]. Psychological Review,102(1):4-27.

GRIFFITHS A K, HEATH N P, 1996. High School Students' Views about Technology[J]. Research in Science & Technological Education,14(2):153-162.

GUMAELIUS L, HARTELL E, SVÄRDH J, 2013. Teachers' views regarding assessment in technology education[C]. Christchurch: PATT 27conference proceedings.

HANSSON S O, 2013. What is technological knowledge? [M]// Technology teachers as researchers. Rotterdam: Sense Publishers: 17-32.

HARTELL E, GUMAELIUS L, SVÄRDH J, 2015. Investigating technology teachers' self-efficacy on assessment[J]. International Journal of Technology and Design Education, 25(3): 321-337.

HASSAN A M A, SHRIGLEY R L, 1984. Designing a Likert scale to measure chemistry attitudes [J]. School Science and Mathematics, 84(8): 659-69.

HEARTY A P, MCCARTHY S N, KEARNEY J M, et al, 2007. Relationship between attitudes towards healthy eating and dietary behaviour, lifestyle and demographic factors in a representative sample of Irish adults[J]. Appetite, 48(1): 1-11.

HEIDER F, 1958. The psychology of interpersonal relations[M]. New York: Wiley.

HENDLEY D, PARKINSON J, STABLES A, et al, 1995. Gender Differences in Pupil Attitudes to the National Curriculum Foundation Subjects of English, Mathematics, Science and Technology in Key Stage 3 in South Wales[J]. Educational Studies, 21(1): 85-97.

HENNESSY S, MURPHY P, 1999. The potential for collaborative problem solving in design and technology[J]. International Journal of Technology and Design Education, 9(1): 1-36.

HOLROYD C, HARLEN W, 1996. Primary teachers' confidence about teaching science and technology[J]. Research Papers in Education, 11(3): 323-335.

HOVLAND C I, JANIS I L, KELLEY H H, 1953. Communication and persuasion[M]. New Haven: Yale University Press.

HUSSAIN T, AKHTER M, 2016. Students' Attitude towards Technology: A Study from Pakistan [J]. Bulletin of Education & Research, 38(1): 17-30.

JARVIS T, RENNIE L J, 1996a. Perceptions about technology held by primary teachers in England [J]. Research in Science & Technological Education, 14(1): 43-54.

JARVIS T, RENNIE L J, 1996b. Understanding technology: The development of a concept[J]. International Journal of Science Education, 18(8): 977-992.

JOHNSON S D, 1997. Learning technological concepts and developing intellectual skills[M]// De Vries M J. Shaping Concepts of Technology. Berlin: Springer: 161-180.

JOHNSTON J, AHTEE M, 2006. Comparing primary student teachers' attitudes, subject knowledge and pedagogical content knowledge needs in a physics activity[J]. Teaching and Teacher Education, 22(4): 503-512.

JONES A, CARR M, 1992. Teachers' perceptions of technology education: Implications for curriculum innovation[J]. Research in Science Education, 22(1): 230-239.

JONES A, BUNTTING C, DEVRIES M J, 2013. The developing field of technology education: a review to look forward[J]. International Journal of Technology and Design Education, 23(2): 191-212.

KARJALUOTO H, MATTILA M, PENTO T, 2002. Factors underlying attitude formation towards online banking in Finland[J]. International Journal of Bank Marketing, 20(6): 261-272.

KHAIRANI A Z, 2017. Assessing urban and rural teachers' competencies in STEM integrated education in Malaysia[C]. Sharjah:MATEC Web of Conferences.

KIMBALL M E,1967. Understanding the nature of science: A comparison of scientists and science teachers[J]. Journal of Research in Science Teaching,5(2):110-120.

KIND V,2009. A conflict in your head: An exploration of trainee science teachers' subject matter knowledge development and its impact on teacher self-confidence[J]. International Journal of Science Education,31(11):1529-1562.

KOBALLAJR T R,1986. Teaching hands—on science activities: Variables that moderate attitude-behavior consistency[J]. Journal of Research in Science Teaching,23(6):493-502.

LACHAPELLE C P, CUNNINGHAM C M, LINDGREN-STREICHER A, 2006. Elementary teachers' understandings of engineering and technology [EB/OL]. [2023-4-12]. https://peer.asee.org/200.

LAPIERE R T,1934. Attitudes vs. action[J]. Social Forces,13:230-237.

LEE M H,TSAI C C,2010. Exploring teachers' perceived self-efficacy and technological pedagogical content knowledge with respect to educational use of the World Wide Web[J]. Instructional Science,38(1):1-21.

LIKERT R,1932. A technique for the measurement of attitudes[J]. Archives of Psychology, 22(140):55.

LIOU P Y, 2015. Developing an instrument for assessing students' concepts of the nature of technology[J]. Research in Science & Technological Education,33(2):162-181.

LIU M, MICHAEL R W, PHILLIPS P D, 1992. Teacher education students and computers: Gender, major, prior computer experience, occurrence, and anxiety[J]. Journal of Research on Computing in Education,24(4):457-467.

LORD C G, LEPPER M R, 1999. Attitude Representation Theory[J]. Advances in Experimental Social Psychology,31(8):265-343.

MAKRAKIS V, 1992. Cross-cultural comparison of gender differences in attitude towards computers in Japan and Sweden[J]. Scandinavian Journal of Educational Research, 36(4): 275-287.

MCGINN R E,1991. Science, technology, and Society[M]. Englewood Cliffs:Prentice Hall.

MCGUIRE W J,1973. The yin and yang of progress in social psychology:Seven Koan[J]. Journal of Personality and Social Psychology,26:446-456.

MELLERS B,SCHWARTZ A, HO K, et al, 1997. Elation and disappointment:Emotional responses to risky options[J]. Psychological Science,8(6):423-429.

MWALONGO A,2012. Teachers' perceptions about ICTs for teaching, professional development, administration and personal use[J]. International Journal of Education and Development using ICT,7(3):36-49.

MYERS D G, 1990. Social psychology (3rd ed.)[M]. New York:McGraw Hill.

NORDLÖF C,HALLSTRÖM J,HÖST G E,2017a. Self-efficacy or context dependency: exploring teachers' perceptions of and attitudes towards technology education[J]. International Journal of

Technology and Design Education,29(1):1-19.

NORDLÖF C, HÖST G E, HALLSTRÖM J, 2017b. Swedish technology teachers' attitudes to their subject and its teaching[J]. Research in Science and Technological Education, 35(2): 195-214.

NORSTRÖM P, 2014. How technology teachers understand technological knowledge [J]. International Journal of Technology and Design Education,24(1):19-38.

OSBORNE J, SIMON S, COLLINS S, 2003. Attitudes towards science: a review of the literature and its implications[J]. International Journal of Science Education,25(9):1049-1079.

PAVLOVA M, 2018. Sustainability as a Transformative Factor for Teaching and Learning in Technology Education [M]//DEVRIES M J. Handbook of Technology Education. Berlin: Springer:827-842.

POLAT M,2017. Teachers' Attitudes towards Teaching English Grammar: A Scale Development Study[J]. International Journal of Instruction,10(4):379-398.

POTVIN P, HASNI A,2014. Interest, motivation and attitude towards science and technology at K-12 levels: a systematic review of 12 years of educational research[J]. Studies in Science Education,50(1):85-129.

PRUET P, ANG C S, FARZIN D, 2016. Understanding tablet computer usage among primary school students in underdeveloped areas: Students' technology experience, learning styles and attitudes[J]. Computers in Human Behavior,55:1131-1144.

RAAT J H, DEVRIES M J, 1986. What do girls and boys think of technology: report PATT-workshop[R]. Eindhoven:Eindhoven University of Technology.

RAAT J H, DEVRIES M J, 1987. Technology in education: Research and development in the project 'Physics and Technology'[J]. International Journal of Science Education,9(2):159-168.

REN L, SMITH W M,2018. Teacher characteristics and contextual factors: links to early primary teachers' mathematical beliefs and attitudes[J]. Journal of Mathematics Teacher Education, 21(4):321-350.

RENNIE L J,1988. How can we make technology interesting for girls? [C]. Eindhoven:PATT 3 conference proceedings.

ROCHA F G W, RODRIGUES A M, FERREIRA C A,2017. Conceptions of the Nature of Science and Technology: a Study with Children and Youths in a Non-Formal Science and Technology Education Setting[J]. Research in Science Education(5):1-36.

ROHAAN E J, TACONIS R, JOCHEMS W M G,2010. Reviewing the relations between teachers' knowledge and pupils' attitude in the field of primary technology education[J]. International Journal of Technology and Design Education,20(1):15-26.

ROHAAN E J, JOCHEMS W M G,2012. Analysing teacher knowledge for technology education in primary schools[J]. International Journal of Technology and Design Education,22(3):271-280.

ROKEACH M J,1973. The Nature of Human Values[M]. New York:Free Press.

ROSENBERG M J, HOVLAND C I, 1960. Attitude organization and Change. An analysis of consistency among attitude components[M]. New Haven, Yale University Press.

ROTHMAN S,1990. Journalists, broadcasters, scientific experts and public opinion[J]. Minerva, 28(2):117-133.

RYLE G,1945. Knowing how and knowing that: The presidential address[C]. New York:Wiley.

SABORIT J A P, FERNÁNDEZ-RÍO J, ESTRADA J A C, et al, 2016. Teachers' attitude and perception towards cooperative learning implementation: Influence of continuing training [J]. Teaching and Teacher Education,59:438-445.

SANDERS J,2005. Gender and technology in education: A research review[J]. Seattle:Center for Gender Equity. Bibliography retrieved March,20:2006.

SHRIGLEY R L,1983. The Attitude Concept and Science Teaching[J]. Science Education,67(4): 425-442.

SLATTER W, FRANCE B, 2018. Community of Practice: Pedagogical Strategies for Linking Communities of Practice to the Classroom[M]// DE VRIES M J. Handbook of Technology Education. Berlin:Springer:629-641.

SMITH W M, 2012. Exploring relationships among teacher change and uses of contexts[J]. Mathematics Education Research Journal,24(3):301-321.

SPENCER H,1904. First Principles[M]. New York:Burt.

STAPLES R, 2003. Shaping the Profession's Image[M]//Martin G, Middleton H. Initiatives in Technology Education: Comparative Perspectives. Illinois: Technical Foundation of America: 311-320.

STEELE J R, AMBADY N, 2006. "Math is Hard!" The effect of gender priming on women's attitudes[J]. Journal of Experimental Social Psychology,42(4):428-436.

STROHMER D C,GRAND S A,PURCELL M J,1984. Attitudes toward persons with a disability: An examination of demographic factors, social context, and specific disability[J]. Rehabilitation Psychology,29(3):131.

SUPRAPTO N,MURSID A,2017. Pre-Service teachers' attitudes toward teaching science and their science learning at Indonesia Open University[J]. Turkish Online Journal of Distance Education, 18:66-77.

SVENNINGSSON J, MAGNUS H, JONAS H, 2016. Understanding attitude measurement: Exploring meaning and use of the PATT short questionnaire [J]. International Journal of Technology & Design Education,28(1):1-17.

TEO T, 2008. Pre-service teachers' attitudes towards computer use: A Singapore survey[J]. Australasian Journal of Educational Technology,24(4):413-424.

THIBAUT L, KNIPPRATH H, DEHAENE W, et al, 2018. How school context and personal factors relate to teachers' attitudes toward teaching integrated STEM[J]. International Journal of Technology and Design Education,28(3):631-651.

THORSHAG K, HOLMQVIST M, 2019. Pre-school children's expressed technological volition during construction play[J]. International Journal of Technology and Design Education, 29(5):

987-998.

THURSTONE L L,1928. Attitudes Can Be Measured[J]. American Journal of Sociology, 33(4): 529-554.

TODD V,MCILROY D,BUNTING B,2009. Individual differences in education: What do we know beyond ability? [J]. The Irish Journal of Psychology,30(3-4):147-160.

TRUXAL J G,1986. Learning to Think Like an Engineer:Why, What, and How? [J]. Change, 18(2):10-19.

UCAR S, DEMIRCIOGLU T, 2011. Changes in pre-service teacher attitudes toward astronomy within a semester-long astronomy instruction and four-year-long teacher training programme [J]. Journal of Science Education and Technology,20(1):65-73.

UITTO A,JUUTI K,LAVONEN J,et al,2011. Secondary school students' interests, attitudes and values concerning school science related to environmental issues in Finland[J]. Environmental education research,17(2):167-186.

UPMEYER A,1898. Attitudes and Behavioral Decisions[M]. Berlin:Springer.

VANAALDEREN-SMEETS S I, VANDERMOLEN J W, ASMA L J F,2012. Primary teachers' attitudes toward science:A new theoretical framework[J]. Science Education,96(1):158-182.

VANAALDEREN-SMEETS S I, VANDERMOLEN J W, 2015. Improving primary teachers' attitudes toward science by attitude-focused professional development[J]. Journal of Research in Science Teaching,52(5):710-734.

VANRENSBURG S, ANKIEWICZ P, MYBURGH C, 1999. Assessing South Africa learners' attitudes towards technology by using the PATT (Pupils' Attitudes Towards Technology) questionnaire[J]. International Journal of Technology and Design Education,9(2):137-151.

VOLK K S,YIP W M,1999. Gender and Technology in Hong Kong:A Study of Pupils' Attitudes toward Technology[J]. International Journal of Technology and Design Education,9(1):57-71.

VOLTI R,2005. Society and Technological Change (6th Edition)[M]. New York:Worth Publisher.

WAIGHT N,2014. Technology Knowledge: High school science teachers' conceptions of the nature of technology[J]. International Journal of Science& Mathematics Education,12(5):1143-1168.

WAIGHT N, ABD-EL-KHALICK F, 2012. Nature of technology: Implications for design, development, and enactment of technological tools in school science classrooms [J]. International Journal of Science Education,34(18):2875-2905.

WAJCMAN J,2010. Feminist theories of technology[J]. Cambridge Journal of Economics,34(1): 143-152.

WENGER E, 1999. Communities of practice: Learning, meaning, and identity[M]. New York: Cambridge University press.

WICKER A W, 1969. Attitudes versus action: The relationship of verbal and overt behavioral responses to attitude objects[J]. Journal of Social Issues,25(4):41-78.

WILLIAMS P J,2016. Research in technology education: Looking back to move forward…again [J]. International Journal of Technology and Design Education,26(2):149-157.

WRIGHT M D,CUSTER R L,1998. Why they enjoy teaching: The motivation of outstanding technology teachers[J]. Journal of Technology Education,9(2):60-77.

WRIGHT P M,1992. A theoretical examination of the construct validity of operationalizations of goal difficulty[J]. Human Resource Management Review,2(4):275-298.

XU M D,WILLIAMS P J,2019. Technology teachers' attitude towards technology: An investigation of Chinese high school general technology teachers[C]. Msida:PATT 37 conference proceedings.

XU M D,WILLIAMS P J,Gu J,2020. An initial development and validation of a Chinese technology teachers' attitudes towards technology (TTATT) scale[J]. International Journal of Technology and Design Education,30:937-950.

YURDUGÜL H,ASKAR P,2008. An investigation of the factorial structures of Pupils' Attitude towards Technology[J]. Elementary Education Online,7(2):288-309.

附　　录

附录1　技术态度前测问卷

尊敬的老师：

　　您好！

　　欢迎参与本次问卷调查。本问卷旨在了解我国高中通用技术教师的专业态度，答案无对错之分，所得信息仅作学术研究之用。问卷采用匿名方式填写，您不用担心泄露隐私。您的真实回答对我们的研究十分重要，恳请您按自身实际情况作答。感谢您的配合与支持！

一、基本情况

1. 您的性别：□男　　　　□女
2. 您的学位：□学士　　　□硕士
3. 近三年来所参加过与通用技术内容相关的培训次数：
   □无　　□1～2次　　□3～4次　　□5～6次　　□6次以上
4. 任教高中通用技术的年限：
   □1年以下　　□1～5年　　□6～10年　　□11～15年
5. 您最高学历所学的专业与通用技术课程的相关程度：
   □完全不相关　　□不相关　　□略微相关　　□相关　　□完全相关

二、专业态度

（每道小题都从"非常不同意""不同意""略不同意""略同意""同意""非常同意"六项中选其一回答）

（一）重要性

1. 在高中阶段开设通用技术课程很重要。
2. 通用技术课程不如数学、英语等文化课重要。
3. 通用技术知识对学生的未来发展很重要。
4. 通用技术课程的内容不贴近日常生活情境。

(二)困难性

5. 向学生清楚解释隐藏在技术产品背后的技术原理是困难的。
6. 使学生具备良好的技术素养是一件困难的事。
7. 培养学生的技术思维与行为方式是一件困难的事。

(三)性别信念

8. 男学生比女学生更为胜任技术类工作。
9. 男教师比女教师更乐意开展通用技术教学工作。
10. 男教师比女教师更善于设计有趣的技术试验。

(四)愉悦感

11. 备课的过程是无趣的。
12. 能与学生分享技术知识,我感到很快乐。
13. 我没有意愿去改变现有的课堂教学模式。

(五)焦虑感

14. 我很担心自己是否能完成每节课的教学目标。
15. 我总是为如何设计好一个技术活动而发愁。
16. 我很担心自己无法清楚地向学生解释教学内容。

(六)自我效能感

17. 在教学过程中,我的见解是新颖独到的。
18. 我知道教好技术概念所需的步骤。
19. 我能很好地开展教学是因为对高中通用技术教材有深刻的理解。
20. 教学中,我通常很欢迎学生提问。

(七)外部资源依赖

21. 所在的学校无法为技术教育提供良好的教学资源。
22. 所在的学校无法为通用技术教育提供良好的教学场地。
23. 学校领导很重视高中通用技术课程。

附录2 正式调查问卷

尊敬的老师：

您好！

在征得贵省(区、市)学科负责人的同意下，想邀请您参与"高中通用技术教师对技术看法与态度"的问卷调查活动。此次调研活动仅用于本人博士论文中，对您的回答不做个别探究，只做综合分析，故采用匿名填写的方式。

本人的博士论文致力于研究中国高中通用技术教师的现状与态度，您的回答无对错之分，望您能如实填写。如您对问卷设计或后期结果感兴趣，可与我联系。

祝您工作顺利，万事如意！

在此，向您的理解与善意表示最诚挚的感谢！

一、基本信息

1. 您的性别：
    A. 男
    B. 女
2. 您的教龄：
    A. 不足1年
    B. 1~5年
    C. 6~10年
    D. 11~15年
    E. 15年以上
3. 您在一年中所参加的与通用技术课程相关的培训次数：
    A. 无
    B. 1~3次
    C. 4~6次
    D. 6次以上
4. 您的专业为：
   _____
5. 您的学校在：
    A. 市区
    B. 县城
    C. 乡镇

二、详细题项

（每个题项都从"非常不同意""不同意""略不同意""略同意""同意""非常同意"六项中选其一回答）

第一部分：技术教师对技术本质的理解

（一）作为人工物的技术

A1. 手机、电脑、教材、锤子、互联网都可被称为技术。

A2. 经人类改良过的自然物可被称为技术。

A3. 园艺可被认为是一种技术。

（二）作为知识的技术

A4. 菜谱中的烹饪方法是技术作为知识的例子。

A5. 经验丰富的汽车修理师通过听来识别发动机问题，是一种技术。

A6. 发明电视机的过程体现了技术。

（三）作为活动的技术

A7. 设计房子是一种技术。

A8. 技术帮助使用者改变原有现状。

A9. 谈到"技术"，我会将它与制造、操作、维修、设计等活动联系到一起。

（四）作为意志的技术

A10. 技术可以辅助人类在没有他人帮助的情况下完成相应的任务。

A11. 技术作为中介呈现人与世界的关系。

A12. 技术可用于延伸人类的能力。

（五）技术的历史

A13. 人类的文明史是技术的演变史。

A14. 技术始终存在于人类发展过程中。

A15. 技术对社会有着深远影响。

A16. 技术的发展与社会的发展密切相关。

（六）技术与社会

A17. 技术会对社会需求做出回应。

A18. 技术是社会文明进程的助推器。

A19. 技术应用可增加个人的竞争力。

（七）技术与科学的关系

A20. 科学发现可以加快技术发展。

A21. 技术应用可以增强科学发现。

A22. 与科学不同，技术实施应将社会利益考虑其中。

(八)技术的两面性

A23. 技术应经过多次测试以保证其安全性。

A24. 信息通信技术使人类交流更加便利,但也会导致个人隐私的泄露。

A25. 军事武器可用来保护人类,但也会造成伤亡。

第二部分:技术教师的技术态度

(一)重要性

B1. 在中小学阶段教授技术类课程是必要的。

B2. 技术类课程与数学、英语课程都一样重要。

B3. 技术知识对学生未来发展是重要的。

B4. 技术类课程在中小学阶段理应作为一门必修课开设。

(二)困难性

B5. 教授技术类课程比其他课程难度大。

B6. 对新手教师来说,教授技术类课程是困难的。

B7. 准备技术类课程比其他课程难得多。

(三)性别信念

B8. 男生比女生更了解技术。

B9. 男教师比女教师更享受技术教学。

B10. 男教师比女教师更善于设计有趣的技术活动。

B11. 相较于男生,女生学习技术类课程更困难些。

B12. 技术类课程对男生今后的职业发展比女生更为重要。

(四)愉悦感

B13. 我享受教授技术类课程。

B14. 我乐于准备技术类课程。

B15. 我通常对教授技术类课程充满热情。

(五)焦虑感

B16. 我经常担心技术教学开展得不顺利。

B17. 当不能清楚地解释技术概念时,我感到忧虑。

B18. 为技术课程设计引人入胜的教学活动让我感到很焦虑。

B19. 教授技术课程时,我总是感到焦虑与不安。

B20. 当我的技术教学不顺利时,我感到沮丧。

(六)自我效能感

B21. 我能有效地开展技术类课程教学。

B22. 我能很好地理解技术类课程的教学内容。

B23. 我通常可以处理学生在技术类课程中所遇到的困难。

(七)外部资源依赖

B24. 学校有很多技术类课程的教研组活动。

B25. 学校领导非常支持技术类课程。

B26. 我可从同事那里获得教学支持。

第三部分:技术教师的技术行为

C1. 我将尽最大的努力让学生对技术课程学习持有积极的态度。

C2. 我将帮助学生克服技术课程学习中遇到的困难。

C3. 我打算为技术课程寻求学校领导的支持。

C4. 我将在教授技术课程时放轻松。

C5. 当学生在技术课上感到困惑时,我总是帮助和鼓励他们。

C6. 教授技术课程时,我总是对男生和女生一视同仁。